Enter momentarily into a state of bliss.

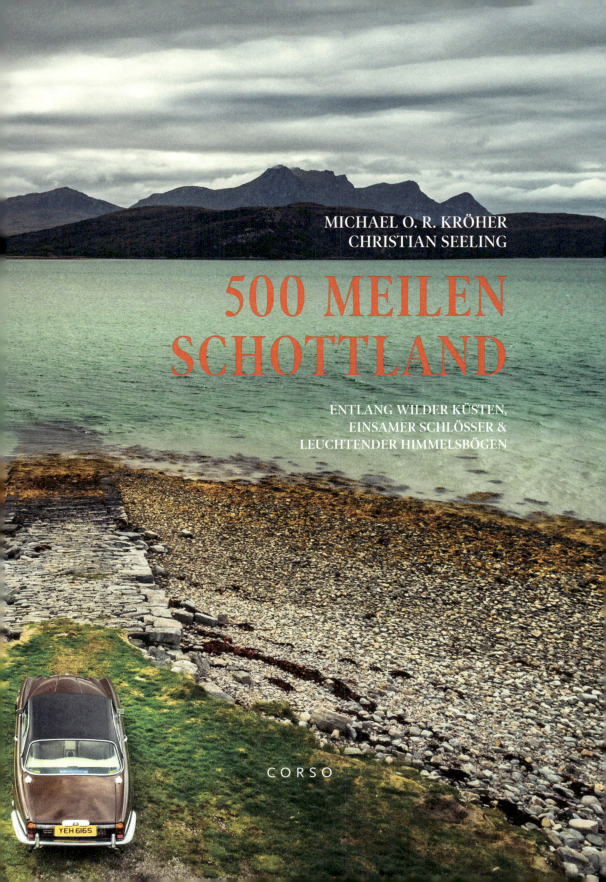

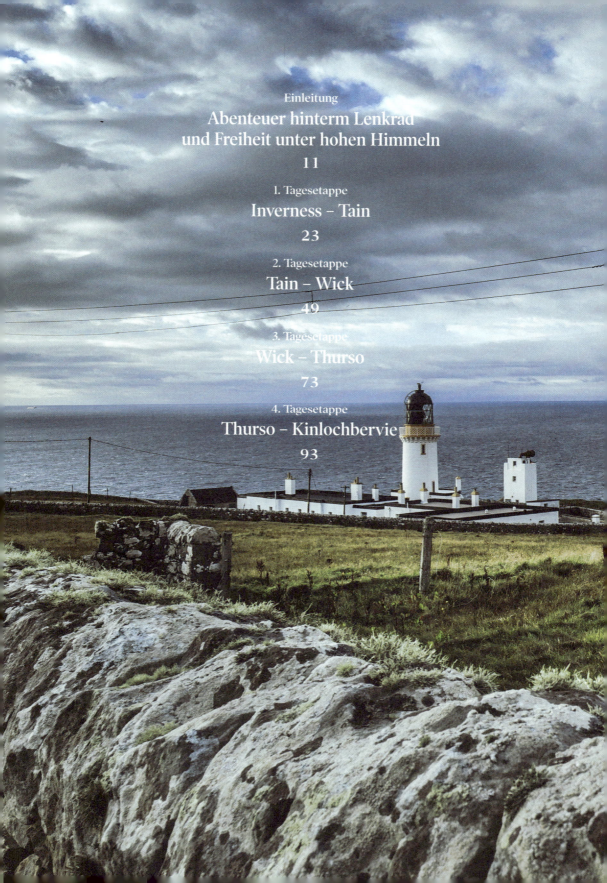

Einleitung
Abenteuer hinterm Lenkrad und Freiheit unter hohen Himmeln
11

1. Tagesetappe
Inverness – Tain
23

2. Tagesetappe
Tain – Wick
49

3. Tagesetappe
Wick – Thurso
73

4. Tagesetappe
Thurso – Kinlochbervie
93

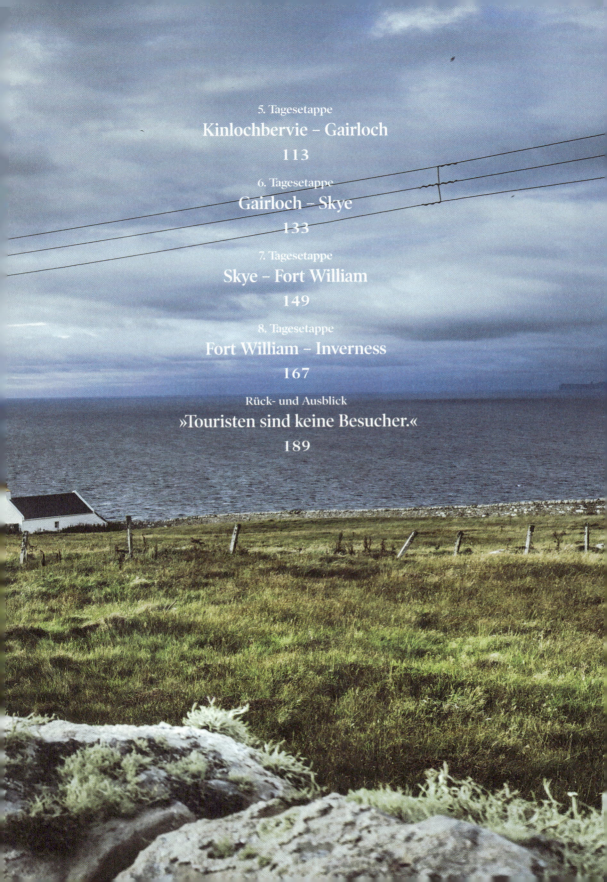

5. Tagesetappe
Kinlochbervie – Gairloch
113

6. Tagesetappe
Gairloch – Skye
133

7. Tagesetappe
Skye – Fort William
149

8. Tagesetappe
Fort William – Inverness
167

Rück- und Ausblick
»Touristen sind keine Besucher.«
189

Abenteuer hinterm Lenkrad und Freiheit unter hohen Himmeln

Auf dem Rundkurs der schottischen NC 500 von der Nordsee zum Atlantik und zurück

Den stärksten Eindruck macht Schottland über den Geruchssinn. Auch mit verbundenen Augen wüsste der Reisende immer, dass er angekommen ist im nördlichsten Teil des Vereinigten Königreiches: Es ist vor allem die belebende, salzige schottische Meeresluft – sie umspielt die Nase an den Küsten und oft auch im Landesinnern, wohin sie von den fast überall vorherrschenden Westwinden gepustet wird. In dieses maritime Aroma mischen sich dann erdige Noten: im Süden und Osten fruchtbare, schwere Ackerböden, im Westen und Norden karge Heideflächen. Manchmal gesellt sich der Rauch eines Torffeuers hinzu oder ein Fellgeruch, der mal ins Wollige spielt, wenn er von einer Schafherde ausgeht, mal ins Pelzige, wenn struppige Hochlandrinder nahebei grasen oder wiederkäuen. Schließlich, mit etwas Glück, auch noch die malzige Würze von verdunstetem Whisky, sei es aus einem Glas, das gerade gereicht wird, oder als »Angel Share«, also als flüchtiger Alkohol aus dem Holzfass-Lager einer Destillerie.

Sogleich treten die anderen Sinneseindrücke hinzu, die in Schottland allesamt stärker zu sein scheinen als andernorts. Zunächst reizt die Kühle der nahezu überall wehenden Brise die Gesichtshaut, der Wind wirbelt die Haare durcheinander (sofern nicht von einer Mütze festgehalten), und pfeift durch Manschetten in die Ärmel hinein. Man hört das Rascheln der Luft im Heidekraut und in den langen Grashalmen der Weiden. Das Rauschen des Meeres, das Schlagen der Wellen. Das Geschrei von Seevögeln, mal einsam rufend, mal dialogisch, mal in krächzender Kakophonie. Das Brausen eines Wasserfalls. Den fernen und dennoch klar umrissenen Klang eines Dudelsacks.

Die Farben wirken besonders pur, denn die Luft ist oft kristallklar. In Meeresnähe kommt manchmal etwas Gischt hinzu, dann wirkt die Szenerie wie von einem Weichzeichner überzogen. Das Grün der Büsche, Bäume und Viehweiden ist mal satt und mal ganz zart, das des Meeres spielt mal ins Ultramarin, mal ins Türkis und wird mit trübem Weiß vermischt, wenn die Wogen am Felsgeklüft der Küste Schaum schlagen.

Das mürbe Gelb des im Spätsommer trockenen Grases unterscheidet sich markant von dem lackartig leuchtenden der Pilze, die aus dunklem Moos hervorsprießen. Die Blüten des Heidekrauts schimmern mal purpurn, mal lila, die Flechten auf den Felsen changieren zwischen Zinnober und Orange, die Früchte der riesigen Hagebuttenhecken strahlen feuerwehrrot. Zwischen dem schweren Löß auf den Hochebenen und dem Lehm auf den Feldwegen liegen unendlich viele Ocker- und Brauntöne.

Dazwischen dann das fast preußische Blau, gepaart mit dem weißen Andreaskreuz der schottischen Nationalflagge, die an einem einsamen Anwesen im Wind flattert. Und das matte Tiefgrau der nackten Gneisfelsen, die an der Westküste großflächig das Blickfeld bestimmen, weil dort der Wind jede Krume fortträgt von ihrer glatten Oberfläche.

Ich sortiere das schottische Sinnespanorama gedanklich, während ich bäuchlings auf der äußersten Spitze einer langen Felsnase liege. Die ist keine sechs Fuß breit, wie die Schotten sagen, und damit so schmal, dass ich auf allen Vieren krabbeln musste, um zu meinem Panoramapunkt zu gelangen. Andernfalls, so fürchtete ich, hätte mich eine Bö vielleicht in den Abgrund gedrückt, der sich links, rechts und jetzt auch direkt vor mir klaftertief auftut. Oder ich wäre gestolpert und dann ebenfalls abgestürzt.

Ich stütze mich auf die Ellbogen und schaue auf die Mauern des halb verfallenen Castle of Girnigoe and Sinclair vor mir, dessen Besitzer sich in den 200 Jahren seiner Nutzung nicht entscheiden konnten, ob es ein Schloss oder eine Festung sein sollte. Damals, im 16. und 17. Jahrhundert, gab es das Städtchen Wick noch nicht, dessen Bewohner heute mit dem Hund an der Leine herüberspazieren. Die Burggrafen aus der Familie der Earls of Caithness und ihr Gesinde, die Soldaten, die im Castle lebten, hatten nur die Nordsee und die reiche schottische Natur um sich, die Landschaft, die heute bei uns, den Besuchern aus Deutschland, so starke Eindrücke hinterlässt.

Links von mir verläuft die Uferlinie der Bucht von Wick, dahinter erstreckt sich das heute erstaunlich friedliche und deshalb dunkelsamtblaue Meer. Weiter im Westen, ähnlich nah am Wasser wie Castle Girnigoe and Sinclair, lassen sich die Silhouetten von Ackergill Tower, umgebaut zu einem Luxushotel, sowie vom alten und vom neuen Keiss Castle erkennen. Vor mir die grauen Felsen, Steine und Mauern der großen Burgruine und rechts, im Süden, die satten grünen Weiden einer einsamen Farm an dem Sträßchen, das von Wick herüberführt. Und über mir der weißblaue Himmel, der nirgends so hoch erscheint wie hier in Schottlands Norden.

Tatsächlich spannt die kühle Brise jetzt die Haut meiner Wangen. Ich ziehe die Mütze tiefer über den Kopf, eine Möwe kreischt, und plötzlich wird der Geschmack der salzigen Meeresluft auf der Zunge abgelöst von der Erinnerung an den milden, zugleich alkoholisch scharfen Whisky aus Pulteneys Destillerie, den wir am Nachmittag in Wick verkostet haben. Gefolgt vom buttrig-mürben Aroma des Shortbread, dem typisch schottischen Süßgebäck, das wir auf dem Weg hierher im Auto geknabbert haben. Jetzt ist mein schottisches Sinnen-Panorama komplett.

Wick und das Castle vor seinen Toren liegen nicht weit entfernt vom nordöstlichsten Punkt der britischen Hauptinsel, damit auch am nördlichsten Ende der schottischen Highlands. Hierhergekommen sind Christian Seeling, der Fotograf, und ich, der Autor, mit einem Jaguar XJ Coupé. Das Modell wurde nur von 1974 bis 1978 gebaut. Liebhaber rechnen das Auto zu den schönsten Zweitürern in der Geschichte der Kraftfahrt: Das mit schwarzem Vinyl bespannte Hardtop ließ den Wagen wie ein schnittiges Cabriolet mit geschlossenem Dach wirken. Die typenbedingt fehlende B-Säule, die filigrane Chrom-Einfassung der versenkbaren Seitenfenster, die winzigen Außenspieglein und die ebenso verchromten, raffiniert gestalteten Türgriffe sorgten für ein makelloses Profil. Das angedeutete Bootsheck, die schlichten, an gotische Spitzbögen erinnernden Rückleuchten und die um die Ecken der Kotflügel nach vorn gezogenen Enden der ebenfalls chromblitzenden Heck-Stoßstange haben Maßstäbe im klassischen Automobil-Design gesetzt.

Unser vierrädriger Reisegefährte ist außen in einem warmen Cafébraun lackiert und hat innen die dazu farblich perfekt passenden cremefarbenen Ledersitze. Die verströmen auch noch 40 Jahre nach der Erstzulassung – unser 12-Zylinder war einer der letzten produzierten seines Typs – einen sublimen Duft, der an Kaminabende in opulenten Clubsesseln denken lässt, ans Klimpern von Eiswürfeln in Whiskyschwenkern aus geschliffenem Kristallglas, an aufwändig gerahmte Ölgemälde von Pferden, an Begleiterinnen in Chanel-Kostümen und an rauchigen Lapsang Souchong-Tee in Tassen aus dünnem chinesischem Porzellan.

Mit diesem aristokratisch-eleganten Gefährt haben wir im Spätsommer 2018 den Norden Schottlands auf einer neuen, besonders attraktiven Route erlebt und erkundet. Der raue Landstrich der Northwest Highlands mit seinen Steilküsten und hohen Himmeln, Sandstränden, Mooren und Schluchten ist ebenso menschenleer wie spektakulär.

Riesige Wolkenfelder schieben sich vom Atlantik übers Land und dann wieder über die Nordsee fort. Höhenwinde treiben aufgebauschte Cumuli vor sich her oder zerreißen die hohen Stratocirrus-Nebel, bevor die sich vor die Sonne schieben. Ständig wechseln das Licht und das Himmelsblau. Mal schmeckt die Luft nach Salz und Tang, mal nach Moor und Heide, auch mal nach Moos und Waldesgrün.

Natur und Landschaft sind die stärksten Attraktionen in diesem nördlichsten Teil Schottlands. Es gibt hier keine großen Städte wie Edinburgh oder Glasgow, die mit jahrhundertealten urbanen Traditionen, mit Residenzen und großbürgerlichen Innenstädten prunken können, in denen heute Hochschulen, Startup-Unternehmen und junge Leute das Stadtbild und das städtische Klima bestimmen. Ebenso fehlen große Gemäldesammlungen und Konzerthäuser, renommierte Festspiele und legendäre Fußballmannschaften.

Nordschottland ist dünn besiedelt, die Grafschaft Sutherland gehört zum Beispiel mit nur 2,5 Einwohnern je Quadratkilometer zu den bevölkerungsärmsten Regionen Europas außerhalb der Polargebiete. Schon Theodor Fontane, der mit seiner schottischen Reisereportage *Jenseits des Tweed* im Jahr 1860 einen Grundstein für dieses literarische Genre gelegt hat, schreibt etwas schmallippig über die Gegend: »Die (…) Grafschaften Rossshire, Sutherland und Caithness entbehren keineswegs des Reizes an landschaftlicher Schönheit, aber sie sind verhältnismäßig arm an Plätzen historischer Erinnerung oder romantischen Interesses.«

Fontane tut Schottlands nördlichsten Landkreisen damit unrecht. Tatsächlich liegen Nordschottlands Reize weniger in der Architektur und in den Siedlungen. Die Dörfer sind oft winzig, versammeln kaum mehr als eine Kirche und ein paar Katen, die Region leidet insgesamt unter der Landflucht, die vor allem junge Leute in die schottischen Metropolen oder noch weiter nach Süden zieht. Doch gibt es jede Menge Burgen und Schlösser, zum Teil kunstvoll renoviert und zu gemütlichen Hotels, Gasthöfen, Restaurants und Cafés umgestaltet. Stiftungen wie der National Trust kümmern sich um aufwändig angelegte Gärten und Parks.

Die schottische Küche bietet mit ihren Wildgerichten, mit Lachs und Fleisch von urwüchsigen Angus- oder Galloway-Rindern solide, zum Teil sogar raffinierte Gerichte; die Zubereitung gilt als durchweg besser als etwa in englischen Provinzen. Auch einfache Landgasthöfe schenken meist mehrere Sorten Bier vom Fass aus, dazu korrekt temperierte Rot- und Weißweine sowie die im Land übliche Fülle von Single Malts, die sich während einer einzigen Reise unmöglich umfassend erkunden lässt.

Und die Landschaft ist so groß! Meist schweift der Blick über Panoramen, die den Großstädter still werden lassen durch ihre schiere Dimension, durch ihre Vielfalt und ihre Einzigartigkeit.

Und schließlich der Nachthimmel! Fern der städtischen Zivilisation trübt kein Lichtsmog die Tiefe der Dunkelheit. Klar zieht sich das Band der Milchstraße diagonal übers Firmament. Der Große und der Kleine Bär, Kassiopeia, das Siebengestirn und zu unserer Reisezeit auch schon der Große Jäger treten so klar hervor wie bei einer Lehrstunde im Planetarium. Dazu Millionen großer und kleiner Sterne, die hier funkelnd und faszinierend, schimmernd und verlockend leuchten, sodass der Betrachter immer neue Figuren zu erkennen glaubt. Streng und kühl strahlt Sirius. Und ist das dort oben womöglich der Andromeda-Nebel, die unserer Milchstraße nächste Galaxie?

Schottische Märchen und Sagen sind von Hexen, Geistern und Ungeheuern bevölkert, aber auch mit stolzen Rittern und Königen, trotzigen Aufständischen und schönen Frauen. Und noch heute »spukt in jedem schottischen Gemäuer, das nur ein bisschen auf sich hält, mindestens ein Gespenst«, sagt Joe Gibbs, Hausherr in Phoineas House auf dem Belladrum Estate bei Inverness. In Schottland, so heißt es, wurde das Golfspiel erfunden – entsprechend viele Plätze gibt es heute, oft besonders großzügig und spieltechnisch raffiniert angelegt. Rings um die Öl- und Gasförderung vor den Küsten haben sich moderne Industrien entwickelt. Überall sind die Menschen selbstbewusst und weltoffen, das traditionsreiche Land lockt mit seiner Gastfreundschaft, seinen Schlössern, Herrenhäusern und Burgruinen, mit mal wehmütiger, mal markiger Dudelsackmusik. Im Winter leuchten Polarlichter, an Sommerabenden geht die Sonne kaum eher unter als in dem nur anderthalb Breitengrade nördlicher gelegenen Sankt Petersburg, das sich für seine *Weißen Nächte* rühmt.

Trotz der geringen Besiedlungsdichte trifft man in Nordschottland auf Maler und Bildhauer, auf Dichter, Songschreiber und andere Kreative, die von den durchdringenden Farben der nördlichen Highlands, von den schnell wechselnden Lichtverhältnissen, der rauen Landschaft und der Nähe zum Meer inspiriert werden und profitieren. Daneben gibt es Mechaniker, die sich um die

Ölplattformen und Windparks vor der Küste kümmern, Kneipiers und Viehzüchter, Autoschrauber und Sozialarbeiterinnen, Arbeitslose und Kassiererinnen im Supermarkt, Ferienjobber und Fährleute, die Nachlassverwalter der Atomindustrie, Hummerfischer und die Ex-Gattinnen reicher Adeliger, die auf ihren Landgütern residieren. Alle haben ein besonderes Verhältnis zu Schottland, das den einen Heimat, den anderen wenigstens Arbeit gibt. Und alle können davon erzählen – was die meisten auch gerne und wortreich tun.

Die Schotten haben eine große Tradition als Geschichtenerzähler, epische, lyrische und dramatische Qualitäten werden besonders geschätzt – in den Salons, wie an den Theken der vielen Pubs. Schottische Autoren haben Weltliteratur geschrieben und die europäische Erzählkunst geprägt. Robert Louis Stevenson, dem hierzulande wohl bekanntesten schottischen Schriftsteller, gelang zum Beispiel im Jahr 1883 mit seiner *Schatzinsel* die Blaupause für Abenteuerromane zur See; seine Schöpfung des persönlichkeitsgespaltenen Dr. Jeckyll und Mr. Hyde gilt bis heute als Meisterwerk des psychologischen Horror-Genres.

Drei Generationen zuvor hatte Walter Scott, 1771 in Edinburgh geboren, den historischen Roman quasi erfunden. Und Robert Burns, zwölf Jahre jünger als Scott, schuf mit seinem Gedicht *Auld Lang Syne* einen Welthit, der die Epochen überdauert hat und als *Nehmt Abschied, Brüder* auch hierzulande zu romantischen Anlässen gern gesungen wird. Burns schrieb zum Teil in seinem Heimatdialekt und beeinflusste mit seiner am Volkston orientierten Lyrik die gesamte europäische Romantik.

Im 18. Jahrhundert hatten schottische Denker wie David Hume und Adam Ferguson, die an der Universität von Edinburgh eine erste Theorie zu gesellschaftlichem Fortschritt formulierten, so großen Einfluss auf die gesamte europäische Geisteswelt, dass Voltaire, der Titan der französischen Aufklärung, einräumte: »Unsere Vorstellungen von Zivilisation stammen alle aus Schottland.« Adam Smith definierte hier die Grundlagen der Nationalökonomie, stellte die Prinzipien eines ethischen Handels und Wirtschaftens auf.

Aus all dem, also aus Aufklärung und Romantik, aus dem warmherzigen *Nehmt Abschied, Brüder* und aus der düster-verwunschenen Atmosphäre der *Schatzinsel*, aus nüchterner Wirtschaftslehre, Fortschrittsgedanken und Dudelsackklängen, aus Männern in faltigen Wollröcken, Schlossruinen, Gespenstern und Whiskyaromen, vor allem aber aus den Farb-Orgien über heidebewachsenen Hochebenen, aus menschenleeren Stränden und Mooren, aus Windgebraus an Felsküsten und vor endlos weiten Horizonten entsteht ein Gefühl von Freiheit, das sich so wahrscheinlich nur in Schottland erleben lässt.

Es ist weniger die politische »Freiheit von« Tyrannei, Fremdherrschaft, Ausbeutung und ähnlich negativen Begriffen, gegen die sich Revolutionen und Widerstandsbewegungen aller Art in den vergangenen Jahrhunderten aufgelehnt haben. Es ist mehr eine künstlerische, eine »Freiheit zu«: Die Freiheit, tief durchzuatmen und innezuhalten, sich mit Muße umzusehen und zuzuhören; abzuwarten, ob das Gegenüber vielleicht noch eine Geschichte parat hat, ob sich im Farbenspiel der Natur neue, unerwartete Nuancen ergeben. Die Freiheit zu bleiben oder weiterzureisen, ganz nach Gusto. Sich tiefer zu befassen mit einem Geschmack oder einer Gedichtzeile – oder diese zu verändern durch eigenes Zutun.

Es ist diese Vorstellung einer »lebenskünstlerischen Freiheit« ohne besonderen Aufwand, die uns unter die hohen Himmel der nordschottischen Highlands lockt.

Für uns Deutsche liegt Schottland ziemlich nahe – etwa im Vergleich zu Irland, das kulturell ähnlich keltisch/gälisch geprägt ist und eine ähnliche Geschichte im Schatten des übermächtigen England hat. Oder zu skandinavischen Regionen, die sich landschaftlich und von der geringen Bevölkerungsdichte vergleichen lassen. Eine Fährverbindung von der niederländischen Küste vor Amsterdam nach Newcastle in Northumberland bringt den Autoreisenden über Nacht bis auf gut hundert Kilometer an die schottische Landesgrenze.

Eine Reiseroute, die möglichst viele der zuvor genannten Elemente und Attribute greif- oder erlebbar macht, ist leicht zu finden: Das Tourismuskomitee der gemeinnützigen North Highland Initiative (NHI) hat im März 2015 einen 516 Meilen langen Rundkurs definiert, der als North Coast 500 auf oft nur einspurigen Küsten- und Gebirgsstraßen das Nordende des schottischen Festlands umfährt, die bekanntesten Attraktionen der historischen Grafschaften Inverness-Shire, Ross and Cromarty, Sutherland und Caithness ansteuert. Start- und Zielpunkt ist Inverness, die »Hauptstadt der Highlands«, und die Strecke bietet, wie ihre Website unter Berufung auf »viele unabhängige Quellen« in typisch schottischer Unbescheidenheit verspricht, »den besten Road-Trip auf dem Planeten«.

Diese Verheißung, projiziert in eine Ausfahrt mit einem 12-zylindrigen Jaguar Coupé aus den 1970er-Jahren, wurde unser Leitmotiv.

Zwar ist der Verlauf der NC 500 unterwegs nicht immer leicht zu erkennen – an den Abzweigungen und Straßenkreuzungen weist kein Logo, kein Richtungspfeil den Weg – doch immerhin hat die Route so etwas wie eine eigene Hymne: The Proclaimers, die Band der Zwillingsbrüder Charlie und Craig

Reid aus der Nähe von Edinburgh, sangen in ihrem Hit aus dem Jahr 1988: »And I would walk 500 miles / And I would walk 500 more / Just to be the man who walks a thousand miles / To fall down at your door.« Der Song brachte die jungen Männer, die mit stark schottischem Akzent singen, auf die vordersten Plätze mehrerer nationaler Hitparaden und, wie man noch heute bei Youtube bewundern kann, in den USA bis in die Late-Night-Show von David Letterman.

Wegen eines markanten Kieksens auf dem Pronomen »I« und wegen seiner sprachlichen Färbung ist der Ohrwurm bis heute auch bei Karaoke-Partys beliebt; weil er dort seit Jahrzehnten vielfach gesungen wird, gilt die Distanz von 500 Meilen inzwischen als eine Art schottischer Urmeter. Viele Medienberichte oder Blogeinträge über Reisen auf der NC 500 weisen deshalb an irgendeiner Stelle auf die Refrainzeile hin, die dem Zusammenhang entsprechend abgewandelt wird: »I would *drive* 500 miles …«

Schottische Reiseempfehlungen mögen, wie oben zitiert, bisweilen übertrieben selbstbewusst formuliert sein. Doch sind sie an anderer Stelle umso sympathischer. Zum Beispiel wenn sie die Freiheit lassen, ob man den Rundkurs der NC 500 im Uhrzeigersinn befahren sollte oder lieber andersherum. Den Schotten ist beides recht. Hauptsache, der Reisende besucht Schlösser und Parks und kehrt unterwegs oft genug ein in die Gasthäuser, Cafés, Restaurants und Kneipen, nutzt die breiten Sortimente der Whisky-Destillerien, von denen es auch hier, im entlegensten Teil der Highlands, etliche Dutzend gibt, und kauft sich vielleicht noch ein Tweed-Jackett, einen edlen Kaschmir-Plaid im Schottenkaro-Muster oder gar einen ebensolchen Kilt.

Wir sind die NC 500 im Gegenuhrzeigersinn gefahren, also von Inverness an der schottischen Ostküste zunächst nach Norden. Als es beim Örtchen John O'Groats nicht mehr weiter ging, bogen wir ab in Richtung Westen und fuhren so weiter, wie die Karte dieses Buches es zeigt. Die Entscheidung für diese Route hatte meteorologische Gründe: Die schottische Westküste ist zumindest im statistischen Mittel etwas milder als die Ostküste, da ihr der Golfstrom wärmeres Wasser und damit auch wärmere Luft aus der Karibik über den Atlantik bringt. Zu Anfang unserer Rundreise im September hofften wir deshalb auf die freundlicheren Temperaturen eines in jenem Jahr ungewöhnlich langen, warmen Spätsommers für die Ostküste; in der zweiten, herbstnäheren Hälfte unseres Aufenthalts dann auf die karibischen Begünstigungen im Westen.

Ähnlich großzügig wie in Bezug auf die Reiserichtung auf der Rundstrecke sind die Empfehlungen der NC 500-Experten zu Abstechern oder Ausflügen.

Auch hier gilt: Hauptsache der Gast fühlt sich frei und genießt möglichst viel von den landschaftlichen, gastronomischen sowie kulturellen Besonderheiten. An der Route der NC 500 liegen die Fährhäfen für Exkursionen auf die Orkney- und von dort auf die weit nördlich gelegenen Shetland-Inseln; auch die Inneren und Äußeren Hebriden an der Nordwestküste sind gut zu erreichen. Gern wird es gesehen, wenn der Reisende hier übersetzt und die schottische Gastlichkeit auch auf diesen besonders exotischen, besonders windumtosten Außenposten genießt.

Wir haben uns die Freiheit genommen, der schottischen Kurzformel »Highlands and Islands« zu folgen und dafür einen Abstecher nach Skye gemacht, zur größten Insel der Inneren Hebriden, die zudem besonders geschichtsträchtig ist. Dieser Ausflug hat uns auf einen Rückweg nach Inverness über Fort William gebracht, der weiter südlich liegt als der vom offiziellen Routenvorschlag vorgesehene. Dort kamen wir dann auch am gesamten Loch Ness entlang. Denn was wäre eine Schottlandreise ohne einen Besuch an jenem bekanntesten, von modernen Mythen umgebenen Gewässer?

Und wie lange braucht man, um die NC 500 komplett zu befahren, für eine Tour von der Nordsee zum Atlantik und zurück, startend in Inverness? Die Angaben gehen hier – wen wundert's? – weit auseinander. Nach unserer Erfahrung muss man auf den vielen einspurigen Strecken alle paar hundert Meter anhalten, um den Gegenverkehr durchzulassen. Das reduziert den Schnitt auf unter 20 Stundenkilometer. Und selbst auf den gut ausgebauten Nationalstraßen im Osten des NC 500-Kurses schafft man es kaum, für längere Zeit mehr als Tempo 80 zu fahren.

Das ist aber nicht schlimm. Wer im »Slowtomobile«-Modus unterwegs ist, der achtet ohnedies nicht aufs Streckemachen, sondern auf das, was sich am Weges- bzw. hinterm Straßenrand finden lässt. Auf eine herausgeputzte Villa, die plötzlich querab auf einem Hügel erscheint. Auf ein Gasthaus, das zum »Full Afternoon Tea« mit Sandwiches und Süßem lädt, oder auf einen Raubvogel am Himmel. Auf ein Wegkreuz, eine besondere Brückenarchitektur, die Gestaltung einer Haustür. Ist der Reiz stark genug, wird angehalten und die Sehenswürdigkeit gewürdigt.

Oft kommt man dann mit Passanten oder mit den Bewohnern ins Gespräch. So wird das Fortkommen zwar verlangsamt, der Aufenthalt erhält dadurch aber erst seine besondere Würze.

Eine deutschsprachige Website über die NC 500 empfiehlt vier bis fünf Tage für einen kompletten Rundkurs. Das ist praktikabel – aber aus unserer

Sicht immer noch nicht ideal. Unser Bericht über die Reise, für die wir in aller lebenskünstlerischen Freiheit zweieinhalb Wochen gebraucht haben, ist deshalb so strukturiert, dass man sie in acht Tagen nachfahren kann. Jedes unserer Kapitel beschreibt eine Tagesetappe. Da die Strecke durch den Ausflug nach Skye und über Fort William länger ist als die offizielle NC 500-Route von 830 Kilometern, kommt man dann auf einen Tagesschnitt von gut 120 Kilometern. Das bietet genug Abwechslung, eröffnet Freiheiten und erlaubt ein mußevolles, achtsames Reisen.

1. Tagesetappe

Inverness – Tain

Die letzte Schlacht auf britischem Boden, bei Macbeths zu Hause und ein magischer Sommerabend wie im Süden

Unsere Reise durch das nördliche Ende des schottischen Hochlands beginnt im Ruhrgebiet. An einem sonnigen Spätsommermorgen treffen wir uns am S-Bahnhof von Essen-Kettwig: Christian, der Fotograf, ist mit dem Auto aus seiner thüringischen Heimat angereist, den Kofferraum voll mit Fotoausrüstung. Ich bin mit dem Zug aus Berlin gekommen.

Unser vierrädriger Reisebegleiter, ein Jaguar XJ-Coupé, Baujahr 1978 mit gediegener 12-Zylindermaschine, stolzen 286 PS und Original-Lederausstattung, wartet in der Garage des Classic Centers, das Jaguar Land Rover hier in dem grünen Vorort der ehemaligen Montanmetropole betreibt. Er springt sofort an, als habe auch er sich auf diesen Aufbruch gefreut. »Das war nicht anders zu erwarten«, sagt der Werkstattleiter mit einem stolzen Lächeln. Tatsächlich haben seine Techniker viele Wochen lang an unserem Gefährt geschraubt und renoviert, die Einspritzdüsen und die Zündkerzen ausgetauscht, einen neuen Luftfilter spendiert, die Schlösser wieder gangbar gemacht und so weiter.

Doch bevor wir uns auf die Reise machen können, müssen wir erst unsere Berge von Gepäck unterbringen: Stative und Objektiv-Koffer, Kamera-, Bücher- und Computertaschen, einen großen Rucksack für die Drohne, ein Werkzeugset, Dosen mit Motorenöl, Lappen und anderes Reinigungsgerät, dazu unsere persönlichen Koffer mit Kleidung für alle Eventualitäten des abwechslungsreichen schottischen Wetters. Nach einigem unvermeidlichen Umpacken und dreimaligem Umräumen stellen wir fest: Der flache, schnittige Jaguar ist doch viel geräumiger als erwartet.

Ein letztes Adieu an die netten, hilfreichen Menschen im Classic Center, dann fallen die großen Coupé-Türen satt ins Schloss, wir schnallen uns an – der XJ wurde nachträglich mit Automatik-Gurten ausgerüstet – und rollen vom Hof, das großkatzenhafte Schnurren aus zwölf Zylindern genießend, ein sonores Blubbern und Bullern aus zwei gekrümmten Auspuffrohren hinter uns lassend.

Tritt der Fahrer das Gaspedal durch, gibt das Aggregat unter der Haube ein selbstbewusstes Knurren von sich, in den Ansaugkanälen lassen zwölf Einspritzdüsen ein feines Rauschen vernehmen, die beiden Auspuffstränge, die links und rechts unter dem Wagenboden entlanglaufen, geben sonore Resonanz. Danach herrscht im Cockpit wieder die souveräne Geräuschkulisse eines Herrschaftsfahrzeugs.

Die Route führt uns auf der Autobahn über Oberhausen den Niederrhein entlang nach Holland, an Amsterdam vorbei und zum Fährhafen IJmuiden. Die zwei Benzintanks in unseren Heckkotflügeln sind angefüllt mit jeweils rund 45 Litern Superplusbenzin, der Jaguar läuft unangestrengt 80 Meilen, 130 Stundenkilometer, und beschleunigt, wenn das mal nötig werden sollte, mühelos auch auf 90, Tempo 145. Der Zeiger des Drehzahlmessers wandert dann über 4000 Touren hinaus. Der rot markierte Bereich beginnt bei 6500 Umdrehungen – eine Zahl, die damals schon bei halb so großen Motoren sensationell gewesen wäre. Aus Respekt vor dem Alter der Maschine muten wir ihr derlei Belastungen jedoch nicht mehr zu. Zumal die zwölf Zylinder in diesen Betriebszuständen einen noch ausgeprägteren Benzindurst entwickeln als ohnedies.

Unsere Laune ist so prächtig wie das Spätsommerwetter, doch das Fahren ist ungewohnt: Bei dem ursprünglich in England zugelassenen Jaguar sitzt das Lenkrad rechts. Ohne hilfreiche Hinweise aus der Perspektive des Co-Piloten tut sich der Fahrer im Rechtsverkehr auf kontinentaleuropäischen Straßen daher oftmals schwer. Immerhin hat das Coupé eine Getriebeautomatik. Das ungelenke Herumrühren mit dem linkshändig zu bedienenden Schalthebel, das Ungeübte wie wir bei Rechtslenker-Autos mit Handschaltung meist bei jedem Gangwechsel praktizieren, bleibt uns somit erspart.

Doch wird es uns in den nächsten Tagen noch ein paarmal passieren, dass wir vorm Einsteigen instinktiv zur falschen Seite des Autos gehen – und sich der Fahrer dann wundert, warum er hinter der linken Tür kein Lenkrad, keine Instrumententafel, keine Pedalerie findet. Die dann fälligen Seitenwechsel werden von Passanten meist beschmunzelt.

Am Spätnachmittag schiffen wir an der niederländischen Küste ein, auf einer großen Fähre queren wir diagonal den Ärmelkanal und am nächsten Morgen rollen wir im nordenglischen Newcastle ausgeschlafen und guter Dinge wieder von Bord. Allerdings beginnt nun eine nicht ganz triviale Eingewöhnungsphase: Zwar genießt der Jaguar als Rechtslenker im hiesigen Linksverkehr

Heimvorteil, doch wird er gesteuert von einem Piloten, für den das Linksfahrenmüssen eine große Herausforderung darstellt. In Ländern mit Linksverkehr fahre ich äußerst vorsichtig und bedachtsam, schaue an jeder Kreuzung dreimal in jede Richtung. Denn ich weiß: Im Zweifelsfall würden meine Reflexe die falschen sein.

So sind die ersten Stunden auf britischen Straßen für mich alles andere als ein Höhepunkt automobilen Reisens. Vor allem die Kreisverkehre, in die jede Fernstraße der Insel alle paar Meilen mündet, verlangen erhöhte Aufmerksamkeit. Doch zum Glück hilft mir Christian, bald sind wir ein eingeschworenes Team von Fahrer und Co-Pilot.

Unser erstes Zwischenziel ist die Grenze zwischen England und Schottland. An der Ostküste trennt der Fluss Tweed die beiden Landesteile; kurz bevor das Gewässer jedoch beim Städtchen Berwick in die Nordsee mündet, schwenkt die Grenzlinie ein paar Kilometer nach Norden. An der Überquerungsstelle lädt ein großer Parkplatz ein zum Pausemachen. Gleich dreimal flattert das weiße Andreaskreuz auf blauen schottischen Flaggen von drei hohen Masten. Dahinter weist nochmal ein Straßenschild mit dem gleichen Emblem darauf hin, dass wir nun einen anderen Landesteil des Vereinigten Königreichs befahren, der offenbar einen besonderen Nationalstolz pflegt.

Vom Parkplatz aus kann man den Grenzverlauf über die abgeernteten Äcker verfolgen: Ein knie- bis hüfthohes Mäuerchen aus Bruchsteinen definiert die nach Westen verlaufende Trennungslinie. Offenbar legen hier die Nachbarn, anders als etwa die ehemaligen »Erbfeinde« Deutschland und Frankreich, deren Landesgrenzen über viele hundert Kilometer heute unmarkiert verlaufen, immer noch Wert auf ein säuberliches Separieren von hüben und drüben. Andernfalls wäre das Mäuerchen längst verfallen.

Im Verlauf der nächsten hundert Kilometer erkennen wir wenig landschaftliche Veränderung und machen deshalb erst wieder in Edinburgh kurz Halt, wo die inzwischen vielspurige Fernstraße nach Norden den Firth of Forth, einen mächtigen Meeresarm der Nordsee, überquert. Parallel zu der erst Ende August 2017 eröffneten eleganten Schrägseilbrücke verlaufen die marode gewordene Forth Road Bridge aus den 1960er-Jahren und die alte Eisenbahnbrücke, Ende des 19. Jahrhunderts errichtet aus verschraubten Eisenträgern wie ein horizontaler Eiffelturm.

Nördlich von Edinburgh überfahren wir die Trennungslinie zwischen Lowlands und Highlands. Einst markierte sie die Sprachgrenze zwischen dem schottischen Dialekt im Süden, dem nordenglischen nicht unähnlich, und dem Gäli-

schen, das wegen seiner keltischen Grammatik und Phonetik für Mitteleuropäer so unverständlich bleibt wie das verwandte Walisisch oder Irisch. Rund 130 Meilen weiter erreichen wir Inverness, den Startpunkt für unsere Rundreise auf der North Coast 500. Schon Theodor Fontane schwärmte in seiner Reisereportage *Jenseits des Tweed* Mitte des 19. Jahrhunderts für diese »Hauptstadt der Highlands«: Dieser »bedeutendste Punkt im ganzen Norden von Schottland« wies für Fontane »so viel von Handel und Wandel auf, wie an so nördlicher Stelle und bei so dünn gesäter Bevölkerung nur irgend erwartet werden kann«.

Und weiter: »Das immer spärlicher werdende Leben rafft sich hier noch einmal zusammen, schafft Komfort, Luxus und Geselligkeit und treibt Blüten der Wissenschaft und selbst der Kunst.« In Inverness, berichtet der gesellschaftspolitisch versierte Literat, erschienen zu seiner Zeit drei Zeitungen; Fontane schloss daraus, »welch reges geistiges Leben an dieser Stelle noch tätig ist«.

Heinz Ohff, ein Reiseschriftsteller aus der zweiten Hälfte des vergangenen Jahrhunderts, lobt Inverness ebenfalls als »sehr freundlich« und »die beste Einkaufsstadt« im Norden des Vereinigten Königreichs. Auch wir erleben Inverness mit seinen knapp 50 000 Einwohnern als lebendig und geschäftig. Der historische Stadtkern wird vom Fluss Ness durchquert, der aus dem gleichnamigen Loch nahe der südlichen Stadtgrenze nach Norden fließt, um in den Moray Firth zu münden. Dieser große Nordseearm bildet die nördliche Stadtgrenze.

Im Osten, auf unserem Weg ins Zentrum, liegt ein Gewerbe- und Einzelhandelsgebiet mit zahlreichen Firmengebäuden und Werkshallen, Fachmärkten, Autohäusern und großen Möbelläden. In der Innenstadt, hinter dem gediegen großbürgerlichen Rathaus mit heller Sandsteinfassade, fertigen Chisholm & Sons maßgefertigte Kilts aus edlem Tuch für Käufer aus aller Welt an. Sogar US-Popstar Madonna soll zu den Kunden der Schottenrockschneider gehören.

Inverness hat zwei besonders schöne Orte: Zum einen die Hängebrücke aus dem 19. Jahrhundert mit ihren verzierten Pfeilern aus Gusseisen, die den Ness auf Höhe der Innenstadt kreuzt. Unter den Füßen der Passanten rauscht das dunkelgrüne, kühle Wasser des Flusses, der hier so stark und so schnell strömt wie etwa der Inn zwischen Kufstein und Rosenheim; vom Gehweg der Brücke, der im Rhythmus der querenden Fußgänger schwankt, hat man einen herrlichen Blick entlang der herausgeputzten Häuserzeilen, die das Ufer säumen: Hier klettern Rosenstöcke an den Fassaden hoch, in den Blumenkästen der Fensternischen wachsen üppige Fuchsien. Die Messingbeschläge der Haustüren sind blank poliert, die Holzflächen leuchten weiß, gelb, blau und in anderen bunten Ölfarben.

Der zweite Platz ist der Hügel, der die Innenstadt überragt und deshalb ein prachtvolles Panorama bietet. Vor rund tausend Jahren hat hier, am nördlichen Zugang zu den Verkehrswegen durch das breite Tal des Great Glen ins Landesinnere, der Schottenkönig Duncan I. seine befestigte Residenz errichtet.

Auf dem Königsthron war Duncan der Vorgänger von Macbeth, den William Shakespeare 550 Jahre später in aller dichterischen Freiheit zur Hauptfigur seines gleichnamigen Dramas gemacht hat. Dort erringt Macbeth die Krone, weil er seinen älteren Vetter Duncan nachts heimtückisch in seinem Schloss ermordet, angestiftet von der nach sozialem Aufstieg gierenden Lady Macbeth.

Der historisch belegte Schottenkönig Macbeth hat jedoch seinen Vorgänger Duncan, dem er als Heerführer diente, aber zugleich die Krone streitig machte, am 14. August 1040 nach der Schlacht von Elgin erschlagen. Danach stand ihm der Weg zum Königsthron frei, zumal Duncans Söhne, verschreckt durch den Ausbruch mörderischer Gewalt in der Familie, nach England geflohen waren.

Die Regentschaft des echten Macbeth dauerte bis 1057 und war für Schottland bei weitem nicht so schlecht wie von Shakespeare dargestellt. Für lange 17 Jahre herrschten stabile Verhältnisse in den Highlands, und König Macbeth muss bei seinen Untertanen, bei seinen Vasallen aus dem niedrigen Adel so beliebt gewesen sein, dass ihm sein Heimatland immer noch friedlich ergeben war, als er im Jahr 1050 erst nach vielen Monaten von einer Pilgerreise nach Rom zurückkehrte. Sein Hauptsitz soll die Burg gewesen sein, die sein Vorgänger in Inverness errichtet hatte.

Die mittelalterliche Festung, in der Zwischenzeit vielfach verändert, zerstört und wieder aufgebaut, wurde Mitte des 19. Jahrhunderts endgültig abgerissen. An ihrer Stelle steht nun ein Verwaltungsgebäude, viktorianisch-historisierend mit Turm und Zinnen als Burg stilisiert. Von der Aussichtsterrasse überblickt man das Tal des Ness und die Bürgerhäuser am anderen Ufer, die Brücken und den dichten Verkehr auf den natürlich viel zu schmalen Straßen des alten Städtchens.

Heute ist der Burgberg von Inverness ein überaus friedlicher Ort, erst recht an einem Spätsommernachmittag wie bei unserem Besuch. Im Schatten der sorgsam gestutzten Platanen gibt das sauber gefegte Kopfsteinpflaster immer noch Wärme ab. Das Licht ist mild, der Lärm des Straßenverkehrs dringt nur gedämpft bis hierher. Touristen gruppieren sich zu Selfies und Kinder flitzen auf Tretrollern oder Skateboards umher.

Die Piazza am südlichen Ende des Hügels wird überragt vom überlebensgroßen Standbild einer weiteren schottischen Zentralfigur: Flora MacDonald,

die Retterin des allseits verehrten Bonnie Prince Charlie steht hier, die Hand schattenspendend über die Stirn erhoben, und blickt, einen Hund zur Seite, nach Westen, wo sich in der Ferne die Highlands ausbreiten.

Als junge Adelige hat Flora MacDonald den schottischen Nationalhelden Bonnie Prince Charlie vor dem Schafott gerettet und wird deshalb bis heute vielerorts als Heldin verehrt. Sie hat diesen Nachfahren der unglücklichen Mary Stuart, der durch seinen Jakobitenaufstand und einen Feldzug der Jahre 1745/46 das gesamte Vereinigte Königreich durcheinandergebracht hatte, nach seiner vernichtenden militärischen Niederlage gegen eine Übermacht von englischen Regierungstruppen versteckt und dafür gesorgt, dass er heimlich aus dem Land fliehen konnte, in dem er als Hochverräter steckbrieflich gesucht wurde. Eine damals horrende Summe war auf seinen Kopf ausgesetzt: 30 000 Pfund Sterling.

Flora MacDonald besorgte ihm passende Frauengarderobe und begleitete ihn zur Hebrideninsel Skye. Unter dem Decknamen einer »Kammerzofe Betty Burke« konnte sich der ansehnliche Prinz von dort nach Frankreich einschiffen und dann weiterreisen nach Rom, wo er als »Anwärter auf die englische und schottische Krone« aufgewachsen war. Zurückgekehrt in sein italienisches Exil lebte der Thron-Prätendent weitere 42 Jahre »glücklich und zufrieden«, wie es in einem Märchen der Brüder Grimm heißen würde, bis zu seinem Tod im Jahr 1788.

Charles Edward Stuarts Niederlage bei der Schlacht im Moor von Culloden (der gälische Name spricht sich wie »Klodden« aus) am 16. April 1746 hat das Selbstbild der Schotten geprägt, das Lebensgefühl vieler Menschen dort bis heute beeinflusst. Viele sehen sich noch immer als Teil einer Nation von unglücklich Unterlegenen, besiegt von einer Überzahl besonders grausamer Unterdrücker. Vor allem die Bewohner der Highlands sind auf Engländer bis heute nicht gut zu sprechen, immer wieder denkt Schottland nach über eine Unabhängigkeit vom Vereinigten Königreich, zuletzt im Referendum vom August 2014, das nur knapp scheiterte.

Die bis heute komplizierte Gemengelage, die anhaltenden Spannungen zwischen Schotten und Engländern kann nur verstehen, wer die historischen Hintergründe kennt, von denen die meisten ihre Wurzeln im Desaster von Culloden haben: Die Glorious Revolution des Jahres 1688 hatte den katholischen Herrscher aus der Stuart-Dynastie, die England drei Generationen lang in Personalunion mitregiert hatte, abgesetzt und ins Exil getrieben. Insgesamt fünf Umsturzversuche des demissionierten Stuart-Königs Jakob II. und seines Sohnes Jakob III. waren gescheitert, der letzte im Jahr 1715. Die Aufständischen nannten sich nach ihren Anführern »Jakobiten«.

Mit dem Act of Union des Jahres 1707 hatte Schottland endgültig seine Autonomie verloren, wurde vom britischen König nach Gesetzen des Britischen Parlaments regiert. Der erst 25-jährige Charles Edward Stuart, Sohn von Jakob III., fand also günstige Voraussetzungen, als er im Jahr 1745 mit nur sieben Gefährten auf der Hebrideninsel Skye landete, um den nächsten Jakobitenaufstand zu starten, um die Krone des Vereinigten Königreichs und seiner inzwischen auf dem ganzen Erdball verteilten Kolonien zu erobern – für sich und seine Nachkommen der Stuart-Dynastie.

Fast wäre das Vorhaben gelungen. In einer bis dahin beispiellosen Mobilisierung konnte Bonnie Prince Charlie 5000 Soldaten rekrutieren, vor allem aus den Highlands, und nach Süden marschieren. Am 21. September 1745 gewann er die Schlacht von Prestonpans südöstlich von Edinburgh gegen englische Regierungstruppen, was ihm die Vorherrschaft über Schottland sicherte. Am 8. November überschritt seine Armee die Grenze nach England. Über Carlisle und Manchester stieß die Truppe weiter nach Süden bis ins mittelenglische Derby vor.

Hier musste der junge Prinz jedoch seinen Vorstoß beenden. Böswillige sagen: Seine Männer meuterten aus Heimweh, wollten das Weihnachtsfest unbedingt bei ihren Familien feiern. Fakt ist jedoch: Den Schotten war das Geld ausgegangen. Der französische König Ludwig XV. hatte eine fest versprochene Unterstützungssumme nicht transferiert, so konnte Charles keinen Sold mehr zahlen.

Auf dem Rückzug erreichte das schottische Heer tatsächlich am 25. Dezember 1745 Glasgow, konnte Weihnachten also in der Heimat feiern, und verteidigte sich am 17. Januar 1746 siegreich gegen die englischen Regierungstruppen unter dem Kommando von William, Herzog von Cumberland. Der hatte die Verfolgung der Aufständischen übernommen.

Danach wollten die schottischen Soldaten noch weiter zurück in ihre vertrauten Highlands. Als im April jedoch klar wurde, dass die Engländer auf die Highland-Hauptstadt Inverness zumarschierten, postierte Bonnie Prince Charlie seine Truppen einige Meilen vor der Stadt im Moor von Culloden.

Die Schlacht wird zum Debakel für die Schotten. Mit 5000 Mann sind sie gegenüber den 9000 Briten deutlich in der Unterzahl, obendrein durch Krankheit und Hunger geschwächt, schlecht bewaffnet und munitioniert. Ihr Versuch eines vorzeitigen Nachtangriffs auf die Regierungstruppen scheitert, weil die schottischen Soldaten ausgeschwärmt sind auf Nahrungssuche. Als sie nach Mitternacht endlich zusammenkommen, finden sie das Lager der Briten nicht. Nun sind sie auch noch übermüdet.

Am Morgen setzen die Briten zunächst ihre überlegene Artillerie ein, was sofort zu massiven Verlusten unter den Jakobiten führt. Als Charles dann den Gegenangriff seiner Infanterie anweist, bleibt ein Teil der Armee in den Stellungen: Die Truppen des Macdonald-Clans, denen seit König Robert the Bruce (1306–1329) das Recht auf eine Platzierung im rechten Flügel eines schottischen Heeres zustand, verweigern aus Zorn über die Vorenthaltung dieses nur symbolischen, genaugenommen wertlosen Privilegs den Befehl zur Attacke auf dem linken Flügel.

Nach nur 25 Minuten ist die Schlacht beendet – mit einer katastrophalen Niederlage der Schotten. Das nun einsetzende Blutbad, Gefangene werden nicht gemacht, soll »die Bäche, die Culloden Moor durchfließen, tagelang rot« gefärbt haben, wie Ohff schreibt: »Sogar die Zuschauer, darunter Frauen und Kinder, die sich, wie damals üblich, am Rande des Schlachtfelds eingefunden hatten«, wurden getötet. Nur Bonnie Prince Charlie und seine Adjutanten können entkommen. Der Führer des letzten Jakobitenaufstands flieht in die Highlands, wird dort monatelang versteckt gehalten von sympathisierenden Clans und einfachen Bauern, bis ihm schließlich Flora MacDonald ein Entkommen auf den Kontinent ermöglicht.

Nach ihrem triumphalen Sieg besetzten die Briten Schottland, errichteten zahlreiche Militär-Stützpunkte und Forts, zerschlugen die schottischen Verwaltungs- und Gesellschaftsstrukturen und verboten den Schotten alles, was denen noch in irgendeiner Form Identität und Profil hätte geben können – etwa das Sprechen der gälischen Landessprache, das Tragen von Kilts und das Dudelsackspielen.

Wir wollen uns die Stätte ansehen, an der vor gut 270 Jahren das schottische Selbstwertgefühl so gründlich geschleift und vernichtet wurde, dass sich bis heute viele Schotten als Opfer fühlen. Bei unserem Besuch am Morgen nach unserer Ankunft in Inverness ist der Himmel noch grau verhangen, es ist kühl auf der ebenen Moorfläche, die nur stellenweise bewachsen ist von dürren Birkengrüppchen. Wir sind allein, noch ist der Besucherparkplatz leer. Ein feiner Nebel dämpft das Gekrächze der Krähen und jedes weitere Geräusch, lässt die ohnehin fahlen Farben des vom langen, trockenen Sommer vertrockneten Grases und des schütteren Heidekrauts weiter verblassen.

Der National Trust for Scotland hat ein modernes Museumsgebäude errichtet, in dem die Ereignisse jenes Schicksalstages im April 1746 analysiert und plastisch vor Augen geführt werden. Laut offiziellen Zahlen kommen jährlich 180 000 Besucher in die Ausstellung. Das weitläufige Gelände ringsum ist erschlossen von asphaltierten, rollstuhlgerechten Wegen, die zum Ort des historischen Geschehens führen.

Dort markieren zwei Reihen von Fahnenmasten die Aufstellung der Schlachtreihen: hüben die Flaggen in der Uniformfarbe der britischen »Rotröcke«, drüben die blauen für die Jakobiten, keine hundert Meter voneinander entfernt. Wie nahe die beiden Kontrahenten aneinandergerückt waren, bevor der Befehl zu den Kampfhandlungen gegeben wurde!

Unterwegs kommen wir an schlichten, von Brombeerhecken und Ebereschen beschatteten Gedenksteinen vorbei. Ihre Inschriften erinnern an den Einsatz und an die vielen Toten jeweils eines bestimmten Clans – der MacLachlans, der MacLeans, der MacKenzies. Im Zentrum steht ein aus Bruchsteinen aufgeschichteter Turm mit der Form eines »Brochs«, also jener Rundhäuser, wie sie schottische Ureinwohner vom Stamm der Pikten in vorgeschichtlicher Zeit errichteten. Vor der Gedenktafel an seinem Fuß sind frische Blumen niedergelegt.

In der Stille hier draußen hören wir nur die trockenen Grashalme und das Birkenlaub rascheln. Eine leichte Brise ist aufgekommen, die auch den Nebel langsam entfernt. Ein weiteres Mal sehen wir uns um, allein auf weiter Flur. Plötzlich glauben wir, das Krachen der Musketen zu hören und den Pulverdampf zu riechen, mittendrin zu stehen im Kampfgetümmel, im Töten und Sterben. Uns fröstelt, obwohl sich nun die Sonne durch den Morgendunst kämpft.

Auf unserem Rückweg zum Museumscafé fliegen Lerchen auf, trillern in die stille Luft, verscheuchen den hässlichen Schlachtenlärm aus unseren Ohren und Gemütern.

Im gemütlichen Museumscafé trinken wir große Capuccini und essen frische Croissants, bevor die ersten Busladungen Touristen eintreffen. Ein Besuch des Schlachtfelds von Culloden hat eine tröstliche Nachricht, sagen wir uns: Es ist nun über 272 Jahre her, dass hier die letzte militärische Kontroverse auf britischem Boden ausgetragen wurde. Seither gab es keine Schlachten mehr auf der britischen Hauptinsel. Wie glücklich wäre jeder Kontinentaleuropäer, könnte er ähnliches von seiner Heimat behaupten!

Zur Aufmunterung fahren wir noch ein paar Meilen weiter nach Osten bis zum Cawdor Castle. Shakespeares Macbeth bekommt das Schloss und den damit verbundenen Titel eines Thane als Geschenk von König Duncan zum Dank für den Sieg in der Schlacht gegen die Wikinger. In der Adelshierarchie steht ein schottischer Thane etwas oberhalb eines Grafen oder Lord.

Im Dramentext haben die Eheleute Macbeth Duncan und seine Söhne nach Cawdor Castle eingeladen, quasi als Dank für das Geschenk. In der Nacht nach dem großen Willkommensgelage erdolchen sie den wehrlos betrunkenen alten König in seinem Bett und schieben die Tat seinen Söhnen in die Schuhe. Nach diesem Shakespeare'schen Konstrukt findet das Schauspiel dann in seinen breiten Lauf.

Tatsächlich ist Burg Cawdor jedoch erst ab dem Jahr 1380 errichtet worden, 340 Jahre nach Macbeths historisch belegter Machtergreifung im 11. Jahrhundert. Es gehört heute dem Campbell-Clan und hat, neben massiven Befestigungen aus dem 16. und 17. Jahrhundert, vor allem einen charmanten Park. Der ist, anders als in den meisten britischen Schlössern, zum Teil im französischen Barockstil angelegt. Wir schlendern durchs schattige Grün der großen Bäume, bewundern die blühenden Büsche und Stauden, überblicken den großen Golfplatz, der direkt an die Burganlage angrenzt und verlieren allmählich den Modergeruch des benachbarten Culloden-Moors aus der Nase.

Auf dem Rückweg nach Inverness machen wir noch Halt an den Clava Cairns. Das sind große Grabmale aus der Jungsteinzeit und der Bronzezeit, errichtet vor 3000 bis 4000 Jahren von dem damals hier lebenden Volk der Pikten: Jeweils zwei konzentrische Kreise aus zu Rechtecken behauenen, senkrecht aufgestellten Steinplatten sind mit Schotter angefüllt, sodass sich auf diese kreisförmigen Außenwände ein Kuppeldach bauen ließ. Im Innern des kleineren Zirkels befand sich dann die etwa mannshohe Grabkammer, in der ein bis zwei Tote begraben wurden. Anhand des Aufwands – ohne Flaschenzüge und ohne eiserne Werkzeuge muss der Bau jedes Grabmals viele Jahre gedauert haben – lässt sich vermuten, dass hier nur Häuptlinge begraben wurden, wahrscheinlich zusammen mit ihrer jeweiligen Ehefrau.

Die Grabkammern sind längst geplündert, somit lassen sich keine genaueren Aussagen über die Beerdigten treffen. Auch die Grabmale selbst wurden in den vergangenen Jahrtausenden oft demoliert: Ihre behauenen Steine waren andernorts willkommenes Baumaterial. Die Clava Cairns wurden jedoch von britischen Archäologen im 19. Jahrhundert behutsam teilrestauriert, sodass man nun auch wieder den astronomisch-kalendarischen Kern der Bauten erkennt: Ihre Eingänge weisen nach Südwesten und waren, misst man es genau aus, so ausgerichtet, dass nur am Tag der Wintersonnwende das Licht der dann flach genug stehenden Sonne durch die Pforten und die dicke Mauer bis auf die Rückseite der Grabkammer fallen konnte. Offenbar haben die steinzeitlichen Pikten raffiniert und präzise gemessen und ihr so gesammeltes Wissen ausdauernd und geschickt in Bauwerke umgesetzt, die fast so solide und fast so alt sind wie die Pyramiden von Gizeh!

Nüchtern betrachtet könnte vor diesem steinzeitlichen Architekturwunder fast eine Hochachtung aufkommen wie etwa in Stonehenge. Doch die Clava Cairns liegen in einem romantischen Buchenwald. Der erinnert mehr an einen Picknickplatz als an einen archäologischen Großfund. So bleibt nur das Staunen über die Texte und Zeichnungen auf den Erläuterungstafeln. Die Kinder der übrigen Besucher klettern ohnedies lieber in die großen Bäume, die der adelige Besitzer des Grundstücks zu Zeiten der Entdeckung durch britische Archäologen großzügig gepflanzt hat, spielen lärmend Fangen auf den Wiesen zwischen den Steinkreisen.

Wir fahren zurück nach Inverness, lassen das Stadtzentrum links liegen und kommen am westlichen Ortsende endlich auf die Route der North Coast 500. Die Landstraße führt an einem immer schmaler werdenden Nordseearm vorbei und erreicht nach rund 20 Kilometern das Städtchen Beauly. Seinen Namen soll der bis heute hübsch herausgeputzte Ort von der unglücklichen Königin Mary Stuart erhalten haben, die im Jahr 1564 dem dortigen Kloster einen Besuch abgestattet und im höfischen Französisch angeblich ausgerufen hat: »Quel beau lieu!« – Welch ein schöner Ort!

Tatsächlich lohnt es, schon in Beauly eine nächste Pause einzulegen. Die Kuchen und Torten in den Auslagen der Cafés sind appetitlich, in der Ortsmitte bummeln Touristen entlang der Schaufenster, die neben Barbour-Jacken auch Samtkissen, Brokatvorhänge und ähnliche Accessoires für den gehobenen Wohnbedarf ausstellen, und auf den Parkplätzen stehen Grüppchen von Motorradfahrern gemütlich zusammen, tauschen Erfahrungen aus.

In Beauly sehen wir auch zum ersten Mal einen Schotten im Kilt: Ein Mann »im besten Alter«, das weiße Haar zum Zopf gebunden und die Backenbärte sauber gekämmt, unterhält im Hof der Klosterruine die staunenden Gäste eines Reisebusses aus dem schottischen Süden.

Leider sind vom Kloster in Beauly hinter den Grabsteinen des weitläufigen Kirchhofs nur noch einzelne Mauern und Giebel erhalten. Ein paar restaurierte

gotische Fenster, einzelne Halbreliefpfeiler und farblich abgesetzte Türstöcke vermitteln jedoch einen guten Eindruck von der friedlichen Einkehr und Eintracht, in der die Mönche hier etwa 300 Jahre lang gelebt haben, bis das Kloster nach der schottischen Reformation Ende des 16. Jahrhunderts aufgegeben werden musste.

Ein paar Meilen weiter, nahe dem Dorf Muir of Ord, liegen die Gebäude der Whisky-Destillerie Glen Ord in einem Wäldchen. Mehr als 120 Brennereien produzieren sogenannten Single-Malt-Whisky in Schottland, über dreißig sind es in der Region der Highlands. Wir sind keine Experten für diese Spirituosenspezialität, aber von Glen Ords Hausmarke Singleton haben selbst wir schon gehört. Anders als die hierzulande populären Scotch Whiskys wie Johnny Walker, Ballantine's oder Black and White, die mehrere Sorten zu einem stets gleichen, markentypischen Geschmack vermischen (»blenden«), wird Single Malt aus, wie der Name sagt, einer einzigen Mälzung hergestellt. Die hierfür verwendete Gerste kann bei jeder Ernte und durch unterschiedliche Lagerung, durch jeden Röstprozess einen anderen Geschmack bekommen, der dann durch jahrelange, exakt temperierte Lagerung in Eichenfässern weiter ausgebaut wird.

Im raffiniert ausgeleuchteten Verkaufsraum der Destillerie, wo hinter verschlossenen Glasvitrinen auch teure Raritäten aus alten Jahrgängen angeboten werden, erwerben wir ein paar Flaschen der zwölf Jahre gereiften Sorte als Mitbringsel. Doch verzichten wir auf eine Führung durch die Produktionsanlagen, als wir hören, dass Glen Ord zu einem börsennotierten Konzern gehört. Wir wollen uns lieber die Gärbottiche, Brennblasen und Fasslager einer handwerklich arbeitenden Destillerie ansehen. Auf unserem Weg entlang der NC 500, da sind wir sicher, werden wir hierzu noch oft genug Gelegenheit finden.

Durch den Verzicht auf die Destillerie-Führung haben wir Zeit gewonnen. Wir können deshalb abbiegen auf eine Nebenstrecke über die Black Isle, die in Wahrheit nur eine Halbinsel ist. Hier wächst die Gerste für viele der Whiskybrennereien, aber auch anspruchsvolle Weizensorten gedeihen in dieser »schottischen Kornkammer«. Auf den Wiesen, die nicht beweidet werden, liegt frisch gemähtes Gras. – Die wievielte Heuernte war dies wohl für dieses Jahr? Die dritte, gar die vierte? Deutsche Bauern waren in diesem extrem trockenen Sommer des Jahres 2018 froh, wenn die zweite Heuernte noch überhaupt Ertrag brachte. An späteres Mähen war nicht zu denken. Ihre schottischen Kollegen konnten an dieser Stelle offenbar die Vorzüge ihres feuchteren Klimas genießen.

Über die Cromarty Bridge gelangen wir wieder aufs Festland, aufs Nordufer des Meeresarms Cromarty Firth. In dessen Buchten werden die Ölplattformen gewartet, repariert und modernisiert, die seit den 1970er-Jahren Wohlstand und größere soziale Sicherheit nach Schottland gebracht haben. Sieben Plattformen liegen an diesem Tag weit verstreut in unserem Blickfeld, manche fast abgewrackt, andere frisch lackiert. Der Abbau von Öl und Gas in der Nordsee vor Schottlands Küsten bringt Steuereinnahmen für die Regionalverwaltung. Zudem sind viele tausend Arbeitsplätze entstanden, nicht nur auf den Förderstätten selbst sondern auch bei den Versorgern, den technischen Zulieferern und wie hier auf Spezial-Werften. Die Arbeiter verdienen ordentlich, was ihren Familien zugutekommt, und zahlen ebenfalls Steuern. Das Geld aus Öl und Gas hat Schottland in den vergangenen 50 Jahren befreit von der Rolle eines Armenhauses – im Vereinigten Königreich wie in ganz Europa.

Die gut ausgebaute Fernstraße A9 bringt uns weiter nach Norden, in einem Gasthof vor dem Städtchen Tain nehmen wir Quartier. Doch ist der Spätsommerabend zu verlockend, um ihn bei einem Glas Bier oder zwei vorm Reisetagebuch oder bei der Online-Recherche für den nächsten Tag zu verbringen. Die Luft ist noch immer so warm wie in der Toskana oder der Provence, am Himmel stehen fern nur ein paar Schäfchenwolken. Ein weithin sichtbarer Leuchtturm zieht uns magisch an. Nach einem frühen Abendbrot brechen wir also noch einmal auf an die Spitze der Halbinsel Tarbat.

Nach gut 20 Kilometern durch sanft hügelige Wiesen und Felder, am Ende eines schmalen, nur dürftig asphaltierten Sträßchens erreichen wir unser Ziel. Vor uns der 53 Meter hohe Turm, der mit seinen breiten roten und weißen Streifen wirkt, als sei er einer Kinderbuchillustration entsprungen. Als ihn der Technik-Architekt Robert Stevenson, Großvater des *Schatzinsel*-Autoren Robert Louis Stevenson, Ende der 1820er-Jahre erbaut hat, brannten Petroleum-Flammen als Leuchtfeuer. Seit den 1980er-Jahren ist das Seezeichen namens Tarbat Ness jedoch voll elektrifiziert und automatisiert. Sein Lichtsignal schaltet sich per Sensor bei einbrechender Dunkelheit von alleine an.

Bis dahin haben wir aber noch Zeit. Wir sind jetzt auf 57 Grad nördlicher Breite, etwa auf Höhe der lettischen Hauptstadt Riga im Baltikum oder von Juneau, der Hauptstadt von Alaska. An einem geradezu mediterranen Spätsommerabend wie heute wird die Dämmerung noch auf sich warten lassen. Wir sehen uns um in dem maritimen Idyll: Vom Parkplatz vor dem Leuchtturm-Grundstück geht ein Pfad hinunter zum Strand, der etwa zwanzig Meter tiefer liegt. Hier soll man, so steht es auf der Info-Tafel, Robben und Seehunde beobachten können. Weiter draußen auf der Nordsee, heißt es, zeigen sich oft Delphine und Minkwale. Heute Abend ist jedoch das Meer so spiegelglatt, blausamten und unbelebt wie die Kulisse eines Musicalfilms. Leise rascheln kleine Wellen über den groben Uferkies. Auf einer Weide, vom Parkplatz abgetrennt mit einer der hierzulande üblichen Bruchsteinmauern, grast eine Rinderherde. Es ist so friedlich und still, man kann den Kühen und Ochsen beim Grasrupfen zuhören.

In der Luft zappeln Schwalben, schnappen nach den Mücken, die sich zu dieser blauen Stunde bevorzugt aus der Deckung wagen, und senden sich mit ihrem »Zschilp! Zschilp!« hektische Botschaften über die besten Jagdgründe zu. Es wird nicht mehr lange dauern, bis sie nach Süden aufbrechen: Auf den Stromdrähten, die von den Masten an den Straßen zu den Ställen der Bauernhöfe führen, sammeln sich tagsüber schon Grüppchen, um sich zur Abreise zu verabreden.

Wir spazieren am Leuchtturm vorbei in Richtung Landspitze. Von der Terrasse des schmuck renovierten Wärterhauses dringen Kinderstimmen, offenbar haben sich späte Sommergäste hier eingemietet. Im Osten, also draußen, über der Nordsee, lässt der Himmel sein noch immer leuchtendes Blau schon ein wenig abdunkeln, doch strahlt die Sonne in einem dunklen Orange noch deutlich überm westlichen Horizont. Hier vorne gibt es kaum noch Strände, weich lecken die kleinen Wellen an den roten Felsen des Plateaus. Statt der flinken Schwalben kreisen nun bedächtige Möwen über unseren Köpfen, verständigen sich mit heiseren Schreien. Das Heidekraut, durch das wir stapfen, kratzt an den Knöcheln.

Ganz langsam setzt ein Zauber ein: Die Sonne, die nun schneller sinkt, taucht den rotweiß lackierten Leuchtturm in ein warmes Gelb, die Schatten der Hagebuttenbüsche wachsen in die Tiefe der kargen Plateaufläche hinein. Ganz weit im Süden, auf der anderen Seite des hier schon sehr breiten Moray Firth, lassen sich jetzt einzelne Lichtpunkte der Dörfer und Bauernhöfe über dem dortigen Hochufer erkennen. Die Schäfchenwolken, die vorhin noch so unscheinbar über den Himmel verteilt schienen, verdichten sich allmählich und beginnen ein faszinierendes Spiel der Farben. Die Flut läuft langsam auf, gluckst und schmatzt beim Vordringen in kleine und größere Höhlen.

Am Westhimmel wandelt sich das glühende Rot der Sonne in ein Karmin, am Osthimmel taucht das Tintenblau ab in ein immer tieferes Navy Blue. Über uns zieht die geriffelte Wolkenbank alle Farbregister: von Pink zum dunklen Violett, von Maisgelb zu Ochsenblutrot; im schattigen Grau der tieferen Rinnen glauben wir fast auch Grüntöne zu erkennen. Und am Rand, wo das letzte direkte Sonnenlicht nun fast senkrecht reflektiert wird, eine weiße Corona. Noch immer regt sich kein Lüftchen, noch immer strahlt der Felsboden die Wärme des Spätsommertages ab.

Nun ist die Sonne endgültig abgetaucht hinterm Horizont. Plötzlich setzt das Leuchtfeuer ein: Weit sendet der Hohlspiegel den gleißend hellen Lichtfinger von Tarbat Ness in den Äther, lässt ihn geruhsam kreisen, und schaltet ihn wieder ab, um in regelmäßigen Abständen sein Signal zu wiederholen. Es ist, als ob im Orchester der Farben plötzlich der Trompeter ein ostinates Solo der immergleichen Tonfolge spielt, markant, prägnant, dominant. Und das Ensemble zieht mit, verändert sein Spektrum in Richtung lila, wird weicher in seinen Nuancen, wechselt nicht mehr so schnell die Töne.

Ganz allmählich wird das aufgeführte Werk leiser, maßvoller. Zugleich steigt das matte Dunkel immer schneller in Richtung Zenith. Immer schärfer setzt sich das kreisende Lichtsignal des Leuchtturms ab vom nun leeren Osthimmel. Die Farben der Wolkenbank verglimmen immer weiter, da blitzt Venus, der Abendstern, hell auf, als habe ihn jemand angeknipst.

Schweigend gehen wir durch die noch immer warme, süß schmeckende Nachtluft zurück zum Parkplatz. Ein Stern nach dem anderen beginnt zu funkeln, die einen in warmen Gelbtönen, die anderen eisblau. Die Kinder vom Leuchtturmwärterhaus sind verstummt, haben sich offenbar nach drinnen verlagert; unter unseren Füßen knirschen leise die Steine des Pfades.

Wir sind angekommen in jenem Schottland, von dem wir geträumt haben, bevor wir zu unserer Reise aufgebrochen sind: In einem Land, in dem der Wind in den Gräsern und Blättern seine Stimme erhebt, der Himmel und die Vögel zu uns sprechen. Alle zugleich und dennoch einzeln vernehmbar. In dem das Weltall plötzlich nahe rückt, zum Nachbarn wird. Und in dem hinter jeder Straßenbiegung, auf jeder Landzunge, an jedem Strand und an jedem See ein neues Abenteuer auf uns wartet.

2. Tagesetappe

Tain – Wick

Ein uralter Uhu, das schottische Neuschwanstein, Marine Malt Whisky und die kürzeste Straße der Welt

Mit einer Jahresproduktion von rund zehn Millionen Litern gehört die Whisky-Destillerie von Glenmorangie zu den größten in der Region der Highlands. Im schottischen Binnenmarkt sind ihre Single Malts die meistverkauften. Und sie liegt heute Morgen am Weg, gleich am nordwestlichen Ortsausgang von Tain. Doch scheint uns die Zeit nach unserem frühen Aufbruch unpassend für eine Whisky-Verkostung. Zudem ist unser Programm auch heute so prall und das Wetter so prachtvoll, dass wir lieber draußen die warme Luft und die Sonne genießen, als in künstlich beleuchteten Kesselräumen, in kühlen Fasslagerhallen Vorträgen zu lauschen. Also lassen wir die Glenmorangie-Brennerei an der Fernstraße A9 rechts liegen und fahren direkt zu unserer ersten Station nach Dornoch.

Orte wie Dornoch sind typisch für die lieblichere Seite der schottischen Provinz: Aufgebaut wie eine Stadt mit Häuserzeilen, einem stattlichen Rathaus und einer ladengesäumten Hauptstraße, vielleicht sogar mit einem Schlösschen und einem Park im Zentrum, mit einem kleinen Krankenhaus, einem Amtsgericht oder ähnlichen Einrichtungen – aber von der Einwohnerzahl kaum größer als ein mitteleuropäisches Dorf.

In Dornochs Ortsmitte stehen sich kirchliche und weltliche Macht direkt gegenüber. Als Erstes drängt sich der massige Turm aus grauem Gestein ins Blickfeld, der die Fassade von Dornoch Castle überragt. Die Burg, im Spätmittelalter in ihrer heutigen Form ausgebaut und befestigt, war der Sitz des Bischofs von Caithness. Gilbert de Moravia, der das Episkopat im Jahr 1230 vom nördlicheren Halkirk ins mildere Dornoch verlegte, benötigte militärischen Schutz gegen die Wikinger, die auch noch zu seinen Lebzeiten die schottischen Küsten mit Raubzügen heimsuchten. Sein Bruder Richard, ein Heerführer, starb im Kampf gegen die Skandinavier, so leistete sich Gilbert vom eigenen Geld einen befestigten Wohnsitz.

Heute ist Dornoch Castle ein gemütlicher Gasthof, beliebt auch bei Durchreisenden wegen seines schattig-grünen Wirtsgartens im Innenhof. In den Regalen der Whiskybar, gleich neben dem Hotel-Eingang, warten einige Dutzend Single Malts auf Verkostung. Ein Teil der Gästezimmer ist in dem modernen Anbau untergebracht, die begehrtesten sind jedoch im alten Turm – wegen ihres Ausblicks.

Gegenüber, auf der anderen Seite der Hauptstraße, erstreckt sich eine große Grünfläche, bei genauerem Hinsehen: ein Friedhof, mitten in der Stadt. Etwas versteckt hinter den großen Bäumen findet sich dann, was die um Superlative bemühte schottische Fremdenverkehrswerbung als »Großbritanniens kleinste Kathedrale« rühmt. Das ursprünglich gotische Gebäude, von Gilbert ebenfalls aus eigenen Mitteln finanziert, wurde im Jahr 1570, also nach der schottischen Reformation, in einem Regionalkonflikt niedergebrannt. Wieder aufgebaut wurde das Gotteshaus erst in den 1830er-Jahren – nun im neogotischen Stil. Heute gehört es zur reformierten Church of Scotland.

Als Kathedrale geht die heutige Pfarrkirche, mit einem kreuzförmigen Grundriss und ohne Seitenschiffe errichtet, tatsächlich nur schwer durch. Doch hat sie hübsche Glasfenster, die das innere in ein wohltuend helles, freundlich buntes Licht tauchen. In der Ecke steht der klobige Steinsarkophag des im Kampf gefallenen Sir Richard de Moravia. Die Familie stammte, anders als der Name vermuten lässt, nicht etwa aus Mähren, sie ließ stattdessen ihren gälischen Namen Morey oder Murray französieren. Immerhin war Gilbert der letzte Brite, der heiliggesprochen wurde, weshalb das Gotteshaus heute »Sankt Maria und Sankt Gilbert« heißt.

Und obwohl sie sich ohne Bischof nicht mehr offiziell »Dom« nennen darf, zieht die Kirche noch heute Prominenz an: Popstar Madonna ließ hier im Jahr 2000 ihren Sohn Rocco taufen. Die Lokalpresse beschwerte sich über das damit zusammenhängende Fan-Aufkommen mit einem weiteren Superlativ als »die größte Invasion der Stadt seit den Wikingern«. Im Jahr 2010 heiratete der Tech-Tycoon Elon Musk, der im kalifornischen Silicon Valley den Elektroauto-Hersteller Tesla und in Los Angeles das Raumfahrtunternehmen Space X betreibt, hier seine zweite Ehefrau, die britische Schauspielerin Talulah Riley.

In Dornoch lernen wir eine weitere wichtige Lektion über die schottische Mentalität: In den Niederlassungen großer Konzerne, etwa in den Filialen der Supermarktketten, beginnt die Arbeit so früh wie auch auf dem Kontinent, also etwa ab 7 Uhr morgens, und endet erst spät, etwa um 22 oder 23 Uhr. Lokal geführte Unternehmen öffnen ihre Türen jedoch erst spät. In Dornoch müssen wir zum Beispiel bis um halb zehn warten, bevor wir uns im Imbiss der Bäckerei am Hauptplatz frische Scones mit Butter und Marmelade gönnen können.

Die sind dann jedoch köstlich! Drei Damen mit niedlichen Spitzenhäubchen und rosa gestreiften Schürzen servieren uns das Backwerk frisch aus dem Ofen. Dort gart bereits die nächste Ladung: Mürbeteig-Pasteten gefüllt mit Huhn, mit Lachs oder mit Ragout fin. Der Ofenduft vermischt sich mit dem Aroma des Kaffees, den die Damen hinterm Tresen frisch durch die Filtertüte laufen oder von der italienischen Espressomaschine zubereiten lassen.

Wenige Meilen weiter an der A9 erwartet uns eine Hauptattraktion der nördlichen Highlands und der NC 500: Dunrobin Castle war der Sitz der Earls von Sutherland, denen Queen Victoria im Jahr 1833 die Herzogswürde verliehen hatte und die sich danach Dukes nennen durften. Im 13. Jahrhundert zunächst nur als schlichter Wehrturm gebaut, bekam Dunrobin Castle sein heutiges Gesicht, als es George Granville Sutherland-Leveson-Gower ab 1845 zum Prunksitz ausbauen ließ. George Granvilles Vater, der 1. Duke of Sutherland, war der reichste Mann im Vereinigten Königreich.

Architekt Charles Barry, der auch das Londoner Parlamentsgebäude gestaltet hat, machte aus Dunrobin Castle ein Traumschloss, das die Stilelemente der Loire-Schlösser, des Kaiserschlosses von Fontainebleau oder anderer französischer Hochadelssitze phantasievoll weiterentwickelte in Richtung Zuckerbäckerstil – vergleichbar allenfalls mit dem rund 25 Jahre später errichteten Schloss Neuschwanstein in Bayern. Mit seinen 189 Zimmern ist es das nördlichste aller großen britischen Schlösser. Am Fuß des Hochufers, auf dem sich der Bau rund 30 Meter über die angrenzende Nordsee erhebt, erstreckt sich ein weitläufiger Neobarock-Park. Die vielen Türmchen und Erker recken ihre Spitzdächer und Zierzinnen in den hohen Himmel.

Wir erreichen Dunrobin Castle noch vor dem Hauptschwung der täglichen Besucherwelle. Am Schlosseingang stimmt ein junger Mann im Kilt seinen Dudelsack. Sobald die drei großen Bordunpfeifen bereit sind, legt er los mit der hierzulande üblichen Repertoiremischung aus *Scotland the Brave*, *Amazing Grace* und *Mull of Kintyre*. Die Touristen lassen sich begeistert neben ihm filmen, spenden großzügig in das Barrett, das er zum Sammeln vor sich auf den Boden gelegt hat.

Als Erstes sehen wir uns im Park um, der seine streng geometrische, nach dem Vorbild von Versailles angelegte Gliederung heute unter einem strahlenden Septemberazur besonders einladend ausstreckt. Am Fuß der zweiflügeligen Freitreppe, die an der Schildmauer des Hochufers hinabführt, erwartet uns gleich eine besonders stattliche Ansammlung von Riesen-Rhabarber, normalerweise heimisch im tropischen Brasilien und Kolumbien. Die Blätter dieses skurrilen Gewächses, das aussieht wie eine Spinatpflanze im Brontosaurierformat, erreichen hier im Schutz der sonnenwarmen Stützmauer einen Durchmesser von 2,5 Metern.

Die Staudenbeete des Parks sind leider schon weitgehend verblüht, doch hinten, an der Grenzmauer zum Strand, treiben die Rosen- und die Fuchsienbüsche noch üppige Blüten. Es gibt Springbrunnen und Wasserspiele, Zierteiche und Laubengänge. Zwischen schnurgeraden Buchsbaum-Hecken entdecken wir ein Krocket-Spielfeld, etwa so groß wie ein Volleyball-Feld, dessen Seiten knapp einen Fußhoch ansteigen. So rollen die Kugeln nicht nach draußen. Die bogenförmigen Metalltore, durch die es zu spielen gilt, sind fest montiert, ein Schläger (»Mallet«) und Kugeln liegen bereit, die Besucher können sofort ein Match starten.

Überhaupt sind die Regeln im Schlosspark von Dunrobin ungewohnt großzügig. Nichts ist abgesperrt, auch nicht die Rasenflächen, jeder darf jederzeit überall hinspazieren – als sei er der Schlossherr.

In der Eingangshalle des Schlosses flackert ein Kaminfeuer, verbreitet wohlige Häuslichkeit. Die Wohnräume in den Obergeschossen sind weitgehend so eingerichtet wie zu den Zeiten, als hier die Sutherlands residierten – mit schweren Vorhängen und Stilmöbeln aus allen Epochen zwischen Louis XV. und Art Deco, mit Spitzenbettwäsche und bestickten Tischdecken. Die Tafeln sind gedeckt mit massivem Silber, mit üppig bemaltem Wedgewood-Porzellan und mit geschliffenen Kristallgläsern. An den Wänden hängen überlebensgroße Ölporträts von allen Earls und Dukes of Sutherland, Familienbilder und Stillleben, dazwischen Fotos von prominenten Besuchern. Etwa von Queen Victoria, die 1872 ein paar Tage zu Gast war bei dem Herzogspaar. In einem eigens dafür eingerichteten Zimmer werden Paradeuniformen und Gala-Garderoben ausgestellt, die von den Sutherlands zum Beispiel bei den Krönungsfeiern von König George VI. im Jahr 1937 oder von Queen Elizabeth II. 1953 getragen wurden.

Wir haben Glück: Ein älterer Wächter, der im Schlossmuseum normalerweise nur darauf achten muss, dass niemand das wertvolle Mobiliar anfasst, ist in Plauderlaune und erzählt aus der Geschichte des Schlosses, vor allem aus jenem Teil ab den 1960er-Jahren, den er selbst miterleben durfte: Mit dem Tod des kinderlosen 5. Dukes of Sutherland im Jahr 1963 ging der Herzogstitel auf einen entfernten Verwandten über, der Besitz von Dunrobin jedoch an eine Nichte. Diese Countess of Sutherland ist zum Zeitpunkt unseres Besuches bereits 97 Jahre alt, nutzt jedoch noch gelegentlich ein kleines Apartment im Schloss. Nach dem Tod ihres Onkels hatte sie versucht, das Gebäude in ein Elite-Internat umzuwandeln, ähnlich wie das südlicher gelegene Gordonstoun, wo zur damaligen Zeit der britische Thronfolger Prince Charles zur Schule ging.

Doch der Plan ging nicht auf. Zu wenige Schüler meldeten sich an für die neu gegründete Ausbildungsstätte, nach sieben Jahren wurde der unrentable Unterrichtsbetrieb wieder eingestellt und der größte Teil des Schlosses in jenes Museum umgewandelt, das wir heute besichtigen können. Die Zwillingssöhne der Countess, der 70-jährige Museumswärter hat mit ihnen in den 1950er-Jahren gemeinsam die Schulbank im benachbarten Dörfchen gedrückt, kümmern sich heute um alles Geschäftliche, das mit Dunrobin Castle zusammenhängt.

Was der freundliche Wärter nicht erzählt: Die Sutherlands waren nicht zu allen Zeiten beliebt und sind es bis heute nicht bei allen Schotten. Im 19. Jahrhundert gehörte die Familie zu den berüchtigten Initiatoren der »Clearances«, bei denen tausende von Kleinbauern aus ihren Katen vertrieben wurden, ihre Äcker aufgeben und abwandern mussten. Die reichen Großgrundbesitzer wie die Sutherlands hatten ausgerechnet, dass es sich für sie eher lohnte, ihre Latifundien in den Highlands von unbeaufsichtigten Schafherden beweiden zu lassen. Dabei waren die winzigen Höfe im Weg.

Räumkommandos, von den Landlords bezahlt, verjagten die armen Bewohner mit Waffengewalt, brannten die Hütten und Ställe nieder. Zigtausende Schotten, darunter etliche Kinder, verhungerten oder starben an anderen Folgen dieser »Säuberungen«, weil sie sich als mittellose Vertriebene andernorts keine Existenz aufbauen konnten.

Die Leere der schottischen Highlands, ihre heutige Bevölkerungsarmut, geht auf diese Massenvertreibungen zurück.

In einem Pavillon unten im Park kann man einen besonderen Teil der Sutherland'schen Hinterlassenschaft besichtigen: Die Trophäen, die der 5. Duke und seine Gattin von ihren zahlreichen Großwildjagden in den ehemaligen britischen Kolonien in Afrika und Asien mitgebracht haben. Gleich am Eingang ragt ein ausgestopfter Giraffenhals senkrecht empor wie ein Ofenrohr, daneben steht ein Grüppchen von ebenso behandelten Nil-Krokodilen, die niedlich

»Männchen machen«. An den Wänden hängen die präparierten Schädel von Kudus und Springböcken, von Antilopen und Gazellen, die mächtigen Hörner von Wasser- und Kaffernbüffeln. Über einem Durchgang prangt der komplette Kopf eines indischen Elefanten, sein Rüssel pendelt vor der Wand. Die Exponate sind alle säuberlich beschriftet mit Tag und Ort des Jagderfolgs. Und mit dem Jäger: Hat der Duke oder die Duchesse das Opfer erlegt?

Weiter hinten in der Sammlung finden sich auch behauene Steinplatten, die von dem noch immer weitgehend rätselhaften Volk der Pikten, also von den schottischen »Ureinwohnern« bearbeitet wurden. Auf den jüngeren Funden, keine 3000 Jahre alt, erkennt man Motive wie etwa einen Lachs, eine Stimmgabel oder einen Spiegel; die älteren, etwa 4000 Jahre alt, haben schlichte Kreis- oder Wellenmuster, deren Bedeutungen noch nicht entschlüsselt wurden.

In diesem hinteren Raum werden auch Menschenknochen und -schädel ausgestellt, angeblich aus den Cairns und anderen vorgeschichtlichen Grabstätten von Sutherland County. Für ihr Alter von etlichen tausend Jahren sind die Gebeine erstaunlich gut erhalten.

Der Höhepunkt eines Besuchs von Dunrobin Castle ist jedoch die Flugschau der Falknerei: Am nordöstlichen Ende des großen Parks hält Falkner Andy Hughes ein gutes Dutzend Raubvögel, darunter Steinadler und Falken, verschiedene Habichte und Eulen. Alle sind so sehr an die gesicherten Lebensumstände dort, an ihren artgerechten Einsatz im Programm und an die Fürsorge von Hughes gewöhnt, dass sie außer bei ihrer Präsentation vor Publikum völlig frei umherfliegen können. Sie kehren immer wieder zurück in ihre offenen Käfige – auch dies ist vielleicht ein Beispiel für die besondere Freiheit, die in Schottland gewährt und genossen wird.

Täglich finden zwei Flugschauen statt. Die Besucher sitzen dann auf den Holzbänken, die auf der Wiese vor der Falknerei fest installiert sind und staunen, wenn wie bei uns ein Uhu (englisch: Eagle Owl, »Adlereule«) mit seinen etwa 1,80 Meter spannenden Flügeln knapp über ihre Köpfe hinwegsegelt, um sich ein Stückchen Fleisch aus der vom Lederhandschuh beschützten Hand seines Falkners zu schnappen. Der erzählt derweil launige Geschichten über seine Vögel, weiß alles über deren Flugkünste und natürliche Lebensweise. Der Uhu namens Cedar, deutsch: Zeder, (Hughes: »Ich nenne meine Tiere immer nach jenem Baum im Park, auf dem sie bei ihrem ersten Freiflug landen.«) ist zum Beispiel schon 21 Jahre alt. In der freien Wildbahn hätte er üblicherweise nach etwa sieben bis acht Jahren das Zeitliche gesegnet. Wegen der guten Pflege in der Falknerei von Dunrobin ist er nun schon dreimal so alt geworden – und zeigt keinerlei Schwäche. Erst im Frühjahr ist er wieder Vater geworden.

Beim Habicht namens Elm, »Ulme«, und dem Gerfalken namens Bramble, »Brombeere«, zeigt Hughes dem Publikum die unterschiedlichen Schwingenfedern der beiden Vögel: Die des Habichts, der seine Beute auf dem Boden schlägt, sind weich und biegsam. Hat sich der Räuber zum Beispiel festgekrallt bei einem Kaninchen, das er nicht gleich beim ersten Angriff töten konnte, dann schlägt sein Opfer heftig um sich oder versucht am Ende gar, seinen Gegner in seinen engen Bau zu zerren. Dabei darf keine der entscheidenden Flugfedern zu Bruch gehen, sie müssen folglich elastisch sein.

Der Falke hingegen jagt seine Opfer in der Luft. Seine Federn müssen auch Sturzfluggeschwindigkeiten von über 320 Stundenkilometern aushalten, weshalb sie besonders steif und obendrein aerodynamisch so ausgestaltet sind, dass keine bremsenden Luftwirbel gebildet werden. Das dabei entstehende, leise Geräusch verrät den angreifenden Falken nicht: Hört die fliegende Taube das Heranbrausen ihres Verfolgers, ist es schon zu spät. Sekundenbruchteile später hat sie der Räuber gepackt.

Falkner Andy Hughes erzählt solche Fakten und Zusammenhänge durchsetzt mit Schnurren und Anekdoten von typisch englischem Humor, während er, die Schirmmütze aus Tweed verkehrt herum aufgesetzt, kreuz und quer über die Wiese wieselt, um so seine Vögel zu immer neuen Manövern in der Luft zu animieren. Die anderthalbstündige Falknerei-Show vergeht im wahrsten Wortsinn »wie im Flug«. Am Ende dürfen sich alle Besucher mit Uhu Cedar fotografieren lassen, der so gelassen auf der vordersten Holzbank sitzt wie ein Vereinsveteran im Stadion seines Fußballclubs, der etliche Meisterschaften und Pokale gewonnen hat.

Nach diesem ausgiebigen Besuch von Dunrobin Castle fahren wir auf der A9 und der A99 den Rest der Tagesetappe in einem Rutsch bis ins Städtchen Wick. Die Straßen verlaufen jetzt nicht mehr direkt entlang der Küste, sondern auch durch die dahinter liegenden Berge. Je weiter wir nach Norden kommen, desto länger sind die Steigungen. Von oben haben wir jedes Mal eine fantastische Aussicht über die Nordsee im Sonnenlicht. Der Jaguar läuft hier mit Tempomat so gleichmäßig wie von einer Schnur gezogen. Bei Steilstrecken schaltet die Getriebeautomatik hin und wieder runter, sodass der 12-Zylinder dann besonders munter schnurrt und brummt.

Wick hatte seine große Zeit in der zweiten Hälfte des 19. Jahrhunderts. Damals waren die schottischen Küstenmeere schier unerschöpfliche Fischgründe. Da die Boote mit immer stärkeren Dampfmaschinen ausgerüstet wurden, konnten sie immer größere Schleppnetze hinter sich herziehen, immer größere Teile der Heringsschwärme einsacken. So wuchs der Tagesfang auf die unvorstellbare Menge von 24 Millionen Heringen, die einmal im Frühjahr 1872 im Hafen von Wick ausgeladen und ausgenommen, gepökelt und in Fässer verpackt wurden. Wegen seiner leuchtenden Schuppen galt der dicht an dicht geschichtete Hering als »Schottlands Silberschatz« im Unterschied zum Goldschatz der Whiskybrennereien, der ebenfalls in Fässern gelagert und verschickt wurde.

Rund 3000 Menschen arbeiteten damals in Wicks Fischereiwirtschaft. Das Städtchen hatte zu jener Zeit etwa 15 000 Einwohner, doppelt so viele wie heute. Lagen alle Boote im Hafen, konnte man trockenen Fußes von einer Mole zur anderen übers Wasser gelangen, zwischen den Rümpfen klaffte kaum eine schrittbreite Lücke. Nach dem Ersten Weltkrieg waren die schottischen Küstengewässer jedoch leergefischt. Die Branche kollabierte, heute legt kein einziger Heringsfischer mehr in Wick an.

Dennoch lohnt ein Besuch im Hafen. Heute nutzen ihn die Versorger der Ölplattformen, zudem werden von hier aus die riesigen Bauteile für Offshore-Windkraftanlagen verschifft. Ein paar Dutzend Rotorblätter lagern hier, jedes über 50 Meter lang und an seiner Wurzel mit einem Durchmesser von mehr als Mannesgröße, bis sie Spezialschiffe zur Montage raus in die Nordsee bringen. Die Maschinenhäuser für die Generatoren, die auf die oberen Enden der hundert und mehr Meter hohen Masten gesetzt werden, sind größer als Standard-Container.

Die Rohstoff- und die Energiewirtschaft auf Hoher See hat Wohlstand auch in die Gegend um Wick gebracht, erkennbar unter anderem an den Autos der Beschäftigten, die hier im Hafen und in den anliegenden Straßen dicht gedrängt parken. Es sind vor allem Modelle von Audi, BMW und ähnlichen Premiummarken aus den Modellreihen der oberen Mittelklasse. Und viele große Range Rover.

Wir essen in einer gemütlichen Selbstbedienungs-Garküche, in der auch die Hafenarbeiter einkehren. Gestärkt von kräftigen Suppen entscheiden wir uns endlich für den Besuch einer Whisky-Brennerei: Die Pulteney-Destillerie, schon 1826 gegründet und damit eine Traditionsadresse der Highlands, liegt nur wenige hundert Meter die Straße hinauf. Zwar gehört auch Pulteney zu einem Konzern, den Inver House Distillers, doch arbeiten hier in Wick nur insgesamt sieben Destilleure an zwei Brennblasen. Wir hoffen also auf eine eher handwerkliche

Produktion, auf Mitarbeiter, die in ihrem Leben nichts anderes wollen, als diesen speziellen Whisky auf höchstem Qualitätsniveau herzustellen und zu vermarkten.

Bei der Suche nach dem Eingang ins Visitor Center können wir unserer Nase folgen: Der Anteil des Destillats, der als »Angel Share« durch die poröse Wand der Eichenfässer diffundiert, dann verdunstet und deshalb als Tribut für die Engel bezeichnet wird, liegt süß-würzig in der Luft. Zudem verfärbt er die Fassaden der umliegenden Häuser: Der Alkohol und die übrigen Nährstoffe im Angel Share lassen einen schwarzen Schimmelpilz im Verputz sprießen. Je näher man der Destillerie kommt, desto dunkler sind die Gebäude. Am schwärzesten sind natürlich die Wände der Brennerei selbst.

Die Herstellung von Whisky gehört zu Schottland wie das Bierbrauen zu Deutschland. Robert Burns hat im späten 18. Jahrhundert den wohl berühmtesten literarischen Text dazu veröffentlicht: Die Ballade *John Barleycorn* behandelt in 15 langen Strophen jeden einzelnen Aspekt des Whiskymachens und -genießens vom Aussäen der Gerste bis zum Rausch. Als Vorlage diente Burns ein schon zu seiner Zeit weit verbreitetes Volkslied.

Darauf griffen in der zweiten Hälfte des 20. Jahrhunderts dann britische Folk- und Rockbands wie Steeleye Span, Fairport Convention oder Jethro Tull zurück; für ihre gekürzten Versionen vermischten sie die verschiedenen Textfassungen. Die Gruppe Traffic um Steve Winwood nannte 1970 sogar ein ganzes Album *John Barleycorn Must Die*. Jack Londons berühmter Roman, in Deutschland unter dem Titel *König Alkohol* erschienen, heißt im amerikanischen Original *John Barleycorn*.

In der Pulteney-Destillerie stellt sich Daniel, unser Führer durch die Produktion, nur per Vornamen vor. Er erläutert alle Schritte der Whisky-Herstellung vom Mälzen übers Vergären bis zur jahrelangen Lagerung in ausgesuchten Holzfässern ähnlich ausführlich wie Robert Burns' Dichtung: Eine Mälzerei in Inverness liefert wöchentlich rund 60 Tonnen geröstete Gerste, die Ladung von drei großen Lkw, an die Pulteney-Destillerie. In den großen Kupferbottichen (Daniel, grinsend: »Man könnte die Tanks genauso gut aus Edelstahl bauen. Aus Kupfer sehen sie aber besser aus.«) werden dann jeweils 5,1 Tonnen geschrotetes Gerstenmalz mit 17 500 Litern Wasser bei 68,8 Grad Celsius zu Maische fermentiert. Dann wird Hefe zugesetzt. Bei 36,6 Grad, der Pilz entfaltet bei dieser Temperatur maximale Wirkung, vergärt die Maische dann zu einem trüben Gebräu mit 8,5 Prozent Alkoholgehalt. Daniel: »Im Grunde brauen wir hier zunächst mal Bier – nur dass wir keinen Hopfen zusetzen.«

Eine Besonderheit der Pulteney-Brennerei: Sie verwendet für die Gärung Trockenhefe. Die hat, anders als lebende Hefekulturen, stets die gleiche Qualität, sagt Daniel. Das Wasser, aus dem jeder Whiskybrenner weitere Besonderheiten seines Produkts ableitet, stammt aus dem sieben Kilometer entfernten Loch of Yarrows.

Die Gärbottiche sind aus Edelstahl. Daniel lässt uns hineinschauen. Die alkoholbildende Maische ist bedeckt von nicht besonders appetitlichem, graubraunem Schaum. Sie wirft Blasen, riecht schwer und müffelig, ein wenig wie faulendes Obst.

Das »grüne« weil hopfenfreie Bier, wie es die Whiskybrenner nennen, wird von den Malzresten und der verbrauchten Hefe abgepumpt und zwei Mal destilliert, also in einer geschlossenen »Brennblase« verdampft und wieder abgekühlt, kondensiert: Beim ersten Mal auf 22 Volumenprozent Alkoholgehalt, beim zweiten Mal auf 75. Auch diesmal lässt uns Daniel riechen: Das wasserklare Roh-Destillat sticht in der Nase, fast wie Salzsäure. Die Schärfe komme vom Methanol, erläutert Daniel, also von jener giftigen Alkoholsorte, die noch stärker berauscht als das erwünschte Ethanol und zudem die Netzhaut des Auges angreift, blind macht.

Das leicht flüchtige Methanol lässt sich glücklicherweise relativ einfach entfernen. Das nun entstandene Zwischenprodukt nennen die Schotten »Poteen«. Es sei durchaus trinkbar, sagt Daniel und liefert den Beweis: Jeder darf einen Finger in ein mit Poteen gefülltes Glas stecken und probieren. Die Flüssigkeit schmeckt tatsächlich frisch und stark, brennt nur noch ein bisschen. »Ihr Deutschen«, sagt Daniel zu uns gewandt, »trinkt das als ›Schnaps‹, die Amerikaner nennen es ›Moonshine‹, weil ihre Schwarzbrenner bevorzugt nachts gearbeitet haben.«

Der Poteen wird abgefüllt in Eichenfässer, in denen zuvor Sherry-Weine oder amerikanischer Bourbon-Whisky gelagert wurde. Andere Brennereien nutzen lieber Cognac- oder Rum-, Madeira- oder Portwein-Fässer, erläutert Daniel, die Fässer aus Kentucky, Tennessee und Spanien sind jedoch eine Pulteney-Spezialität. Erst von dem Eichenholz erhält das bis dahin farblose Destillat seine teils goldgelbe, teils kupfer- bis bronzefarbene Tönung, wird der Gerstenschnaps zu Whisky.

Letzte Station ist dann das kühle Fasslager. Rund 10 000 gut verschlossene Holzbottiche lagern hier bei Pulteney in Hochregalen, zum Teil seit über zwanzig Jahren. Spätestens jetzt, sagt Daniel, komme endgültig der Angel Share ins Spiel. Denn unter schottischen Temperaturen verdunstet rund zwei Prozent des Inhalts pro Jahr durch die Poren eines Holzfasses – als Erstes der leicht flüchtige Alko-

hol. In dreißig Jahren geht somit über die Hälfte verloren. Weshalb eine der wenigen Flaschen aus dem Destillationsjahrgang 1983 drüben, im Verkaufsraum, über 500 britische Pfund kostet. Vor der Abfüllung in Flaschen wird der Fassinhalt auf eine Trinkstärke zwischen 40 und 46 Volumenprozent Alkoholgehalt verdünnt.

Zum Abschluss dürfen wir zwei Sorten des »Maritime Malts« verkosten, wie sich die Pulteney-Whiskys wegen der Nähe der Brennerei zum Meer auch nennen. Der erste ist der 12 Jahre alte Bestseller »Old Pulteney«; der zweite von der Sorte »Huddart« schmeckt deutlich nach Moor: Wird die Gerste über einem Torffeuer geröstet, so hinterlässt der Rauch eine Note im Malz, die alle Herstellungsprozesse überdauert. »Anfangs«, heißt es in der Katalog-Lyrik der Pulteney-Destillerie, quelle das Aroma des Huddart daher auf der Zunge über »von mildem Holzfeuerrauch, von Honig und geöltem Leder«. Später erblühe der Duft von »knackigem grünem Apfel. Im Hintergrund cremige Vanille und ein Hauch von heiß geröstetem Karamell«.

Christian enthält sich freundlicherweise bei der Verkostung, um mich für den Rest des Tages hinterm Lenkrad des Jaguars abzulösen. Mir schmeckt der »normale« Old Pulteney deutlich besser als der torfige, verräucherte Huddart.

Schottlands nordöstliche Ecke gehörte lange zum Einflussbereich der Wikinger. Erst in der zweiten Hälfte des 13. Jahrhunderts konnten sich die schottischen Könige auch hier endgültig durchsetzen. Die alte Burg Wick, ein paar Meilen südlich vom Stadtkern an der Küste gelegen, stammt noch aus der Zeit der Nordmänner. Heute ist davon nur noch ein mehr oder weniger verfallener Turm erhalten. Wir fahren deshalb lieber raus zur Ruine von Schloss Girnigoe and Sinclair, das von den Herrschern über die Grafschaft Caithness ab Ende des 15. Jahrhunderts erbaut wurde.

Historiker und Archäologen streiten, ob es sich um zwei Burganlagen handelt oder nur um eine, die im Lauf der Jahrhunderte erweitert wurde und so auch Fundamente auf einem zweiten Felsstock erhielt. Es muss am Ende jedoch eine vergleichsweise wohnliche Anlage gewesen sein, wie die vielen Info-Tafeln zeigen, mit etlichen Innenhöfen, hohen Satteldächern und großen Stallungen. Auf der Innenseite der Felsrippe, die den vorderen Teil trägt, bietet der Strand eines natürlichen Hafens noch heute eine Landestelle für kleine Boote. In der Zeit, in der Schloss Girnigoe and Sinclair bewohnt war, ließ sich auf diesem Weg die Versorgung sicherstellen.

Vom hinteren Burgteil ist vor allem ein mehrere Stockwerke hoher Kamin übrig, der den Rauch einer großen Esse in der Küche und aus der Kammer des Hausherren entsorgt haben soll. Die schönsten Plätze im Schloss dürften jedoch die rechteckigen Fensteröffnungen im vorderen Teil gewesen sein, von wo aus man noch heute einen weiten Blick aufs Meer genießt. Leider wurde Schloss Girnigoe and Sinclair keine 200 Jahre lang bewohnt. Die Truppen des Londoner Lordprotektors Oliver Cromwell, die Mitte des 17. Jahrhunderts die Highlands heimsuchten, haben auch hier für solche Verwüstung gesorgt, dass die Earls of Caithness das Interesse an ihrer Liegenschaft verloren und diese verfallen ließen.

Am Abend besuchen wir noch »die kürzeste Straße der Welt«, die der Schottische Fremdenverkehrsverband bei seiner Suche nach Superlativen in Wick entdeckt hat und die seit 2006 im Guinness-Buch der Rekorde gelistet ist: Der Ebenezer Place, der zwischen der Union Street und der River Street verläuft, misst exakt 2,06 Meter und geht auf eine Beamtenwillkür des Jahres 1883 zurück, als Alexander Sinclair an dieser Stelle sein MacKay-Hotel errichten ließ. Das Bauamt verlangte ein Straßenschild an der Schmalseite des nahezu dreieckig zulaufenden Gebäudes, obwohl dort gerade mal eine Eingangstür Platz findet, wie sie heute noch ins dahinter liegende Hotel-Restaurant führt. Doch weil dort keine Straße verlief, musste der Bauherr für das Schild einen neuen Namen erfinden, seither gibt es den Ebenezer Place mit einem einzigen Anlieger, dem MacKay-Hotel.

Dessen Lokal rühmt sich heute mit der besten Küche am Platz. Wir machen die Probe aufs Exempel – und sind mit Schmorfleisch vom Aberdeen-Angus-Rind sowie Christian mit seinem gegrillten Lachs hoch zufrieden. Zum Nachtisch spendiert die Wirtin einen Whisky-Likör von Old Pulteney. Ein würdiger Abschluss für einen ereignisreichen Tag voll starker Eindrücke.

3. Tagesetappe

Wick – Thurso

Trottellummen in subarktischer Tundra, das Vermächtnis der Atomindustrie und das Schloss von Queen Mum

Auf der Landstraße A99 sind es von Wick 26 Kilometer bis John O'Groats. Das Dörfchen hat seinen skurrilen Namen von dem Niederländer Jan de Groot (»Hans, der Große«), der am Ende des 15. Jahrhunderts von hier aus einen Fährbetrieb zu den nahe gelegenen Orkney-Inseln aufgebaut haben soll. Noch heute verkehrt im Sommer eine Personenfähre von John O'Groats nach Burwick auf South Ronaldsay.

Am Ortseingang heißt ein großes Schild die Besucher willkommen am »end of the road«, am Ende der Straße. Tatsächlich endet hier die längste direkte Strecke, die sich im Vereinigten Königreich befahren lässt. Die Le Jog-Rallye, Europas angeblich härteste Zuverlässigkeitsprüfung für klassische Automobile (»Oldtimer«), verlangt vier raue Wintertage und -nächte lang genau das: Jeden Dezember quälen sich die Teams und ihre historischen Gefährte über gut 1400 Kilometer diagonal über die britische Hauptinsel – von Land's End, ihrem südwestlichsten, palmenbewachsenen Punkt, bis nach John O'Groats, dem nordöstlichsten. Und kältesten, stürmischsten.

Die Initiale von Start- und Endpunkt ergeben den Namen der Ausdauer-Prüfung. Wer die Ziellinie der Le Jog-Rallye überfährt, der freut sich, dass er am Ende dieser Straße der Mühsal und der Strapazen angelangt ist.

Oberhalb von John O'Groats steht der Leuchtturm von Duncansby Head. Wir sind die ersten Besucher an diesem hellen, windigen Septembermorgen, stellen den Jaguar auf dem Parkplatz am Ende des schmalen Asphaltsträßchens ab und machen uns über Schafweiden zu Fuß auf den Weg zu den spektakulären Felskathedralen am Fuß des Hochufers, zu den Vogelkolonien in den bis zu 100 Meter hohen zerklüfteten Wänden. Hier leben, brüten und jagen nicht nur die üblichen Seeschwalben und Silber- oder Lachmöwen, sondern auch ungewöhnlichere Arten wie die Klippen- oder die Dreizehenmöwe. Es gibt Papageientaucher und Trottellummen, Tordalke und Eissturmvögel.

Die Nischen der Uferfelsen, die sich wie tiefe Risse ins Land hineinziehen, sind dichter bevölkert als der Campingplatz eines total überlaufenen Rockfestivals. An ihren Eingängen herrscht drangvoll enger Flugverkehr wie vor einem Bienenstock. Zwar wird jetzt, im September, kaum mehr gebrütet, doch die fast ausgewachsenen, flüggen Jungvögel brauchen umso mehr Platz. Beim Kampf um den Luftraum und beim Streiten um die Hoheit über ein kleines Fleckchen auf einem Felsgrat addiert sich das Geschnatter der Halbstarken und das heisere Geschrei der Erwachsenen zu einem ohrenbetäubenden Inferno, das, vom Echo weiter verstärkt, außerhalb der Felsspalten heute jedoch vom Wind schnell fortgetragen und zerrissen wird.

Die Brise sorgt an diesem Morgen auch für exzellente Fernsicht: Nah bei der Küste liegt das Eiland Stroma. In früheren Jahrhunderten sollen hier über 300 Menschen gelebt haben, in den 1960ern zogen jedoch die letzten Bauern von der baumlosen, windumtosten Insel aufs Festland. Jetzt beweiden nur noch Kühe und Schafe die saftigen Weiden, die einst mühsam errichteten Häuser verfallen.

Wenig weiter im Norden liegt der Orkney-Archipel zum Greifen nahe vor uns. Wir überblicken die gesamte Küstenlinie seiner südlichen Inseln – vom Felsen »Old Man of Hoy«, der wie ein Leuchtturm am Westende der kaum bewohnten Insel Hoy aufragt, über die Inseln Flotta und South Ronaldsay. Mit einem Berg, geformt wie eine Sprungschanze für Riesen, bildet die große Insel Mainland weit hinten das Ostende des Archipels.

Dazwischen, gut einsehbar über die Meeresstraßen zwischen den Inseln, liegt die von allen Seiten abgeschirmte Bucht von Scapa Flow. Seit jeher war dieser riesige natürliche Hafen mit dem altnordischen Namen ein Rückzugsort für Kriegsflotten; nach dem Waffenstillstand am Ende des Ersten Weltkriegs im November 1918 wurden hier die 74 hochseetüchtigen Schiffe, die der unterlegenen deutschen Kriegsmarine verblieben waren, inklusive 4500 Mann Besatzung interniert.

Unmittelbar nach dem Friedensvertragsschluss von Versailles, am 21. Juni 1919, befahl deren Kommandant, Admiral Ludwig von Reuter, mit dem lange zuvor vereinbarten Geheimbefehl »Paragraf elf!«, die gesamte Flotte solle sich selbst versenken – sodass die schwimmenden Festungen und Angriffswaffen nicht in britische Hände fallen würden. Der Coup gelang im Großen und Ganzen. Bis auf das Schlachtschiff »Baden«, zwei leichte Kreuzer und ein paar Zerstörer sanken alle deutschen Kriegsschiffe vor den Augen der britischen Wächter, die das Schiffs-Harakiri mit Waffengewalt zu verhindern suchten. Die dabei getöteten Matrosen waren die letzten unmittelbaren Opfer von Kampfhandlungen im Ersten Weltkrieg – sieben Monate nach der deutschen Kapitulation.

Zu Beginn des Zweiten Weltkriegs ankerte die britische Kriegsmarine in der geschützten Bucht von Scapa Flow – was deutsche U-Boot-Kapitäne und Luftwaffenkommandeure zu Husarenstücken in den engen, flachen Hafengewässern verleitete. Am 14. Oktober 1939 versenkte das deutsche U-47 das Schlachtschiff »Royal Oak« mit zwei Torpedotreffern, 833 britische Matrosen starben. Das U-Boot konnte durch die Meeresengen unbehelligt entkommen. Drei Tage später flog das deutsche Kampfgeschwader 1/30 hier mit vier Junkers-Bombern den ersten Angriff in der »Luftschlacht über England« und vernichtete das ehemalige Schlachtschiff »Iron Duke«. Beide erfolgreichen Attacken wurden von der Propaganda der Kriegsparteien ausgeschlachtet – zu unterschiedlichen Zwecken.

Die britische Marine hat ihren Stützpunkt Scapa Flow im Jahr 1956 aufgegeben. Heute liegt die Bucht friedlich in der Septembersonne, die Wasseroberfläche ist hier heller und somit offenbar ruhiger als in der Umgebung. Dagegen zeigt sich die Meeresstraße Pentland Firth unmittelbar vor unseren Füßen rau: Die steife Brise sorgt für weiße Katzenzungen auf den Spitzen der immer höher werdenden Wellen.

Bei den Kapitänen in der Ära der Segelschiffe, so lesen wir, hieß diese stürmische Verbindung zwischen der Nordsee im Osten und dem Atlantik im Westen »Hell's Mouth«, die Mündung der Hölle. Die Tidenunterschiede zwischen den beiden Meeren führen in der Enge zu tückischen »Gezeitenstromschnellen« von bis zu 16 Knoten, 28 Stundenkilometern Geschwindigkeit. Jede der gefürchteten, sich zum Teil querenden Strömungen hatte einen Namen: the Swinkle, the Bore of Huna, the Wells of Tuftalie, the Duncansby Bore, the Merry Men of Mey. Herrschen dann auch noch widrige Winde, ist die Enge zwischen den Orkneys und der britischen Hauptinsel für Segelschiffe nahezu unpassierbar. Hinzu kommen die Gefahren an den Klippen und der vielen kleinen Inseln, die zum Teil mitten im Fahrwasser liegen. Kaum vorzustellen, wie sich hier etwa die Wikinger mit ihren offenen Ruderbooten vorgekämpft haben. Heute weiß man: Der Pentland Firth ist eine der energiereichsten Gezeitenströmungen der Welt, künftig sollen hier die Wasserturbinen von Großkraftwerken Strom aus den Strömungen produzieren. Eine Pilotanlage hat ihren Versuchsbetrieb im Sommer unseres Besuchs erfolgreich abgeschlossen.

Wir müssen zurück nach Wick, denn dort haben wir noch eine Verabredung. Seit den Anfängen der Nukleartechnik in den frühen 1950er-Jahren haben die schottischen Highlands der britischen Zentralregierung genug Leere und Abgeschiedenheit geboten, um hier ein großes Versuchs- und Entwicklungszentrum aufzubauen. In Dounreay an der Nordküste entstanden daher unter anderem zwei Atomreaktoren vom besonders gefährlichen Typ »Schneller Brüter«, eine Brennelementefabrik und zwei Wiederaufarbeitungsanlagen. Gleich nebenan entwickelte das Verteidigungsministerium vierzig Jahre lang nukleare Schiffsantriebe, insbesondere für Atom-U-Boote.

Nach einer gewaltigen Explosion in einem Schacht, in dem abgebrannte Brennstäbe zwischengelagert waren, gelangte im Mai 1977 zentnerweise radioaktives Material in die Umwelt, zum Teil an einen bei Spaziergängern beliebten Strand. Der Störfall wurde erst 1995 bekannt, worauf zunächst das Küstenvorland abgesperrt wurde. Nach einem Leck im Kühlkreislauf einer Wiederaufarbeitungsanlage wurde der Betrieb in Dounreay 1996 zunächst vorläufig, im Jahr 2001 dann endgültig, eingestellt. Seit dem Jahr 2005 ist Großbritanniens Nuclear Decommissioning Agency (NDA) Hausherrin in Dounreay, sie bemüht sich um einen »Rückbau«, also um einen vorsichtigen Abriss der Anlagen, um eine Entsorgung der riesigen Mengen von Atommüll.

Zur Erledigung ihrer umfassenden Aufgaben in ganz Großbritannien hat sich die NDA entschlossen, ein Nationales Nukleararchiv aufzubauen, in dem alles Wissen über Atomtechnik und über jede einzelne kerntechnische Einrichtung gesammelt wird: jede Bauzeichnung und jeder Konstruktionsplan, jedes Betriebsprotokoll, jede Statistik. Nach jahrelangem Hin und Her fiel die Standort-Entscheidung für dieses Archiv auf die Grafschaft Caithness, die Heimat der Anlagen von Dounreay. Durch deren Schließung waren schlagartig viele hundert gut bezahlte Stellen für Atom-Experten weggefallen. Die Lokalisation der neuen Niederlassung sei »Teil ihres sozio-ökonomischen Auftrags«, also eine Ausgleichsleistung für die annullierten Jobs, so die NDA. Die Betroffenen formulieren es simpler: »Die Zentralregierung wollte den armen Schotten wieder ein wenig Arbeit geben. Diesmal saubere.«

Das ist nur zum Teil gelungen, denn das »Nucleus«, Sitz der Nuclear and Caithness Archives, das im Februar 2017 nahe dem Flughafen von Wick eröffnet wurde, bietet nur 25 Arbeitsplätze. Immerhin wurde in dem Neubau auch das gesamte Grafschafts-Archiv untergebracht, also die Sammlung aller wichtigen Urkunden, Briefe, Dokumente und Publikationen zur Geschichte, Wirtschaft und Kultur der Region aus den vergangenen 500 Jahren. Diese Materialien sind öffentlich zugänglich, was dem Nucleus zumindest die Möglichkeit von Publikumsverkehr und damit von regionalem öffentlichem Interesse einräumt.

Zudem sieht der 20 Millionen britische Pfund teure Flachdachbau fantastisch aus. Sein ungewöhnlicher Grundriss eines spitzwinkeligen Dreiecks, seine zur Straße hin spektakuläre, raffiniert gegliederte Fassade, der kundige Einsatz verschiedener Materialien und Oberflächenstrukturen wurden im Jahr 2018 prompt mit dem Architekturpreis für das beste neue Gebäude in Schottland ausgezeichnet.

Wir haben uns dort angemeldet, weil wir den extravaganten Bau auch von innen kennenlernen und den historischen Jaguar vor der postmodernen Gebäudefront fotografieren wollen. Zudem wollen wir die Menschen sprechen, die hier in Nordschottland die Ruinen der britischen und europäischen Atomwirtschaft verwalten, die somit das Erbe eines desaströsen Zivilisationsirrtums abwickeln.

Der Kontakt zum Nucleus gelingt leicht – obwohl die NDA keinen Pressesprecher oder ähnlich niedrigschwellige Anlaufstationen in Caithness hat. Garance Warburton, die Verantwortliche fürs Verbinden des Nucleus mit den Gemeinden (»Community Engagement Officer«), hat sich unserer vorab schriftlich gestellten Anfrage nach einem Besuch angenommen und empfängt uns gut gelaunt. Wir sind die ersten ausländischen Gäste, die nicht über eine Atomtechnik-Institution oder -Mission auf das Nucleus aufmerksam geworden sind. Somit so gut wie harmlose Touristen, die sich nur für die Architektur und für die Aufgaben des Nucleus interessieren.

Stolz führt uns Garance in den »Community Room« am vorderen Ende des Gebäudes, ein hell aber nüchtern eingerichteter Saal mit spitz zulaufendem Grundriss und bodentiefen Fenstern. An der Decke ein Beamer, auf einem Tisch ein Tageslichtprojektor, in der Ecke Stapelstuhlstapel. Hier hält Garance manchmal Vorträge über Nuklearwirtschaft. Aber eigentlich, sagt sie, soll sich hier die Zivilgesellschaft breit machen: Vereine sollen hier Veranstaltungen abhalten, Schulen besondere Kurse anbieten, Familien feiern. Das passiert aber kaum. »Noch hat sich nicht herumgesprochen, was man bei uns alles machen kann«, sagt Garance. »Vielleicht liegen wir auch schon ein bisschen weit weg vom Stadtkern.«.

Bevor wir den mittleren Teil des Gebäudes betreten dürfen, müssen wir uns am Empfangstresen Besucherkarten umhängen lassen und die Nummern unserer Personalausweise in die Anwesenheitsliste eintragen. So gelangen wir in den Lesesaal des Grafschafts-Archivs. Hier gibt es Literatur zur Lokalgeschichte, zur Folklore und zur regionalen Wirtschaft, Taufbücher und ähnliche handschriftlich gefüllte Kladden oder Folianten. Die meisten Nutzer, sagt Garance, suchen hier nach verstorbenen Verwandten oder nach den Ursprüngen ihres Familiennamens.

Leider darf Christian in diesem Teil des Gebäudes nicht mehr fotografieren. Es könne passieren, sagt Garance, dass auf den Bildern Teile der Archivschränke zu erkennen seien, die wir auf der anderen Seite des Atriums hinter abermals bodentiefen Fenstern sehen. Und das, so Garance, dürfe auf gar keinen Fall geschehen – obwohl bislang nur die Akten aus Dounreay hier eingelagert sind: 200 Tonnen beschriebene Dokumente, 350 000 Fotos. »Aber die Daten zur Atomenergie sind so sensibel wie das Nuklearmaterial selbst«, sagt Garance.

In den nächsten Arbeitsschritten sollen nach und nach die Akten aus den übrigen 16 britischen Atomanlagen eingelagert und dann digitalisiert werden. Hierzu gibt es noch große technische Fragen: Wie sichert man Daten über 40 000 Jahre, »die Mindestzeit, in der wir auf den Atommüll aufpassen müssen, weil er noch gefährlich strahlt?« Derlei, sagt Garance, sei noch nie probiert worden. Zumal die steinzeitlichen Höhlenmalereien von Lascaux oder Altamira, die ungefähr dieses Alter erreicht haben, kaum als Vorbilder gelten dürften. »Büffel, Pferde, Gazellen – was hätten die Motive der Jäger und Sammler mit dem Schaltplan eines Atomreaktors zu tun?« Sie lacht so herzhaft über diesen Vergleich, dass wir unwillkürlich – und wider Willen – mitlachen müssen.

Zurück am Empfangstresen wartet ein uniformierter Sicherheitsmann mit einer weiteren schlechten Nachricht für uns: Wir dürfen den Jaguar, den wir vor dem übermannshohen Zaun auf dem Besucherparkplatz abgestellt haben, nicht aufs Betriebsgelände bringen, dürfen ihn nicht vor der Fassade des Nucleus fotografieren.

Der Uniformierte lässt sich nicht erweichen. Er habe nunmal seine Vorschriften, sagt er, die Sicherheit des Gebäudes gehe vor.

Wir fahren zurück nach John O'Groats, wo die NC 500 auf die A836 abbiegt und sich unsere generelle Reiserichtung von Nord auf West ändert. Wenig später erreichen wir das Castle of Mey, Sommerresidenz der Königinmutter Elizabeth Bowes-Lyon von den 1950er-Jahren bis zu ihrem Tod im Alter von 102 Jahren in 2002. In dem herausgeputzten Sandsteinbau hebt sich die Laune wieder auf das gewohnte Schottland-Niveau.

Die TV-Serie *The Crown* erzählt die romantische Geschichte, wie Queen Mum zu diesem heute so wohnlichen Schloss gekommen ist: Nach dem Tod ihres Ehemannes, König George VI., und der Inthronisation ihrer Tochter Elisabeth II. im Jahr 1952 fand sich die 51-jährige Witwe plötzlich ohne Amt, ohne Aufgabe. Von tiefen Selbstzweifeln geplagt – immerhin war sie bis wenige Jahre zuvor die letzte Kaiserin von Indien gewesen! – zog sie sich zu dem befreundeten Ehepaar Vyner nach Schottland zurück, wo sie aufgewachsen war, und schüttete den Freunden ihr Herz aus: Sie fühlte sich unnütz, abgeschoben, wertlos.

Die Vyners entwickelten daraufhin einen Plan, um der Königinmutter ihre Würde, ihre Souveränität und ihr Selbstwertgefühl zurückzugeben: Bei einem hochsommerlichen Spaziergang entlang der Nordküste kam man scheinbar zufällig am Barrogill Castle vorbei, das zu diesem Zeitpunkt schon fast einer Ruine glich. Der aktuelle Besitzer, ein mittelloser Witwer, konnte nur noch drei Räume bewohnen. Queen Mum sah jedoch sofort das Potenzial und die Chancen, die sich etwa aus der freien, sonnigen Lage am Strand ergaben, von wo aus man einen prachtvollen Blick übers Meer und auf die Orkney-Inseln hat.

Bei der ersten kurzen Besichtigung erkannte der Besitzer nicht, dass er ein Mitglied der königlichen Familie vor sich hatte, und wollte seine heruntergekommene Liegenschaft, die er nicht mehr unterhalten konnte, am liebsten verschenken. Die für ihn noch immer anonyme Kaufinteressentin bestand jedoch auf einen formellen Kauf – zum Preis von einhundert Pfund Sterling. Erst bei der Ausfertigung des Vertrags erfuhr der Verkäufer, dass er es mit der Königinmutter zu tun hatte. Das so erworbene Barrogill Castle war die erste (und einzige) Immobilie, die Queen Mum je besessen hat.

In den kommenden Jahren ließ sie die verfallene Burg, einst ein Sitz der Earls of Caithness, umfassend renovieren und umbauen, ans öffentliche Stromnetz und an die Wasserversorgung anschließen. Der Eingang wurde von der nassen, zugigen Nordseite an die geschütztere Südfront verlegt, Badezimmer und Toiletten mit Wasserspülung wurden installiert, neue Fenster und eine großzügige Küche eingebaut, in der sich auch für mittelgroße Empfänge kochen ließ. Die äußere Form wandelte sich so von einer tristen Trutzburg zu einem verschachtelten Schlösschen, dessen Türmchen und Zinnen noch immer an seine ursprüngliche Bestimmung erinnern, doch mehr in einem märchenhaften Sinn und Stil. Die neue Hausherrin gab dem umgestalteten Gebäude den lieblicheren Namen Castle of Mey, den es bis heute trägt.

Für die Königinmutter war das Castle of Mey ein Zufluchtsort, an dem sie ganz sie selbst sein konnte. Alljährlich im August und im Oktober residierte sie dort für ein paar Wochen, empfing Freunde, hatte Kinder und Enkel zu Gast und gab sich leutselig, etwa durch Kirchenbesuche am Sonntag. Bei den Schotten in der Nachbarschaft war sie deshalb beliebt.

Seit dem Tod der Queen Mum im Jahr 2002 wohnen Kronprinz Charles und seine Ehefrau Camilla hier regelmäßig für ein paar Tage im August, um die Verbundenheit der königlichen Familie mit den schottischen Highlands zu de-

monstrieren. Das Thronfolgerpaar ist indes weit weniger willkommen als Queen Mum, die hier, abseits der höfischen Rituale von Buckingham Palace, ihre Rolle als schrullige Alte auskostete und deshalb auf die Sympathie der Schotten rechnen durfte.

Wir kommen am Nachmittag bei bestem Sonnenschein am Castle of Mey an. Der Parkplatz auf der Wiese vorm Schloss ist nur dünn besetzt und tatsächlich sind wir bei der Schlossführung nur vier zahlende Gäste. Jean, unsere Cicerona, kennt zahllose private Details aus der Zeit, die Queen Mum hier verbracht hat, und weist auch auf die kleinen Schwächen der alten Dame hin. Der blaue Sommermantel, der gleich in der Diele ausgestellt wird, ist zum Beispiel schon sehr abgetragen. »Aber Queen Mum wollte keinen neuen«, weiß Jean. »In meinem Alter«, soll die Hundertjährige gesagt haben, »kann man alles noch auftragen.« Der große Kühlschrank in der Küche wurde 50 Jahre lang nicht ausgewechselt: »Wozu? Er funktioniert doch noch tadellos.«

In der Touristensaison wird das Castle of Mey weitgehend so hergerichtet, wie es die Königinmutter hinterlassen hat. Wenn Charles und Camilla hier wohnen, wird es modernisiert – um nach der Abreise des Thronfolgerpaares wieder zum Museum zu werden. Im »Drawing Room«, dem Tagessalon, ist zum Beispiel die Hausbar so sortiert wie zu Zeiten von Queen Mum: Eine Flasche J&B-Whisky für die Gäste – die Hausherrin mochte keinen Scotch –, eine Flasche Dubonnet, ein wermutartiges Getränk aus Wein und Chinarinde, plus eine Flasche Gordon's Gin. Aus diesen beiden Bestandteilen ließ sich die alte Dame ihren Lieblingsdrink mixen. Eines Tages, als ihr die Zitronen auszugehen drohten, die sie dafür als Garnitur und Geschmackszutat dringend benötigte, telegrafierte sie ihrer Tochter, Elisabeth II., sie möge bei ihrem anstehenden Besuch bitte Zitronen aus London mitbringen. In Nordschottland ließ sich damals kein vertretbarer Nachschub auftreiben.

Tatsächlich waren die Königin und ihre Familie oft zu Gast bei Queen Mum. Ein Eintrag im Gästebuch aus dem August 1996 ist zum Beispiel unterzeichnet mit »Lilibeth, Philip, Anne«. Die Monarchin hatte mit ihrem Kinder-Spitznamen signiert. Und tatsächlich hat ihre Mutter, wie es dem öffentlichen Bild von ihr entsprach, gern und oft dem Gin zugesprochen. Ihre Regel fürs Altwerden, berichtet Jean, lautete: »Morgens viel frisches Obst, nachmittags viel frische Luft, abends viel Gin!«

Von der Bibliothek aus hat man einen herrlichen Blick über den Strand bis aufs Meer. Der Raum wird beherrscht von einem großen Kamin, in dem kleinen

Bücherschrank stehen Krimis von Agatha Christie, deren Heldin Miss Marple ähnliche Züge trug wie die Königinmutter. Andere Bände sind von der Erfolgsautorin Daphne du Maurier und von Dick Francis, der vor seinem Wechsel in die Schriftstellerei als Hindernis-Jockey das Pferd der Queen Mum beim Grand National-Rennen geritten hatte.

Ähnlich aufschlussreich ist die Sammlung von Videokassetten, die vor dem Abspielgerät und dem alten Röhren-TV-Apparat steht: Eine Reihe von *Fawlty Towers* mit John Cleese in der Hauptrolle als Hotelier, dessen Vorsatz gegenüber deutschen Touristen »Don't mention the war!« in Großbritannien zur stehenden Redewendung geworden ist in Bezug auf jeden Deutschen. Außerdem die Sitcom-Serie *Dad's Army* über den britischen Heimatschutz im Zweiten Weltkrieg und *The Two Ronnies*, eine Sammlung von Sketch-Shows der BBC. Das TV-Gerät, weiß Jean, war ursprünglich nur geleast vom örtlichen Radio- und Fernsehgeschäft.

Auch bei der Einrichtung und beim Dekorieren zeigte die Königinmutter Humor: Auf der Oberkante einer belgischen Tapisserie aus dem 16. Jahrhundert, die im Salon eine ganze Wand einnimmt, hat sie ein rot-grün kariertes Drachen-Stofftier drapiert – ein Modell des Ungeheuers vom Loch Ness, wie es überall in schottischen Andenkenläden zu haben ist. Ein gerahmtes Schwarzweiß-Foto zeigt, wie sich die alte Dame bei einer öffentlichen Veranstaltung vor einer versammelten Dorf-Bevölkerung die Haut ihrer Unterschenkel einreiben lässt. »Es war eine Lotion gegen Mückenstiche«, erzählt Jean. »Die Biester müssen an jenem Tag entsetzlich gebissen haben. Und selbstverständlich durfte nur die Frau des Pfarrers Queen Mum anfassen.«

Natürlich gibt es auch im Castle of Mey ein Schlossgespenst: Lady Fanny, so heißt es, sei die Tochter eines Earls of Caithness gewesen – und unsterblich verliebt in einen Stallknecht. Um jede weitere unstandesgemäße Annäherung zu verhindern, wurde sie im obersten Turmzimmer eingesperrt. Aus Liebeskummer stürzte sich die junge Frau aus dem Fenster – und sucht seither als »Grüne Lady« nachts die Schlossräume und ihre Gäste heim. Als die Königinmutter gefragt wurde, ob ihr das Gespenst auch schon einmal begegnet sei, habe sie nur die Augen gesenkt und geseufzt: »Poor Lady Fanny!«

Ihr Schlafzimmer hatte die alte Dame auf einem halben Stockwerk – so musste sie nicht ganz so viele Stufen der engen Sandstein-Wendeltreppe bewältigen, die ins obere Stockwerk führt. Dort lagen auch die getrennten Schlafzimmer des Ehepaars Vyner, das Queen Mum zu dem Sommersitz verholfen hatte. Vom Bad und der dort untergebrachten Toilette hat man ebenfalls einen prachtvollen Blick übers Meer. Die Königinmutter benutzte übrigens seidenes Klopapier. Für die Bediensteten fand sich in den Vorratsschränken der Hauswirtschaftsräume die gewöhnliche Qualität der Marke »Bronco«.

Nach dieser ausgiebigen Führung sehen wir uns noch im Park und in den weiteren Außenanlagen um. Queen Mum ließ einen großen »Walled Garden« anlegen, dessen übermannshohe Mauern empfindlichen Pflanzen Schutz vor der oftmals rauen Brise bieten, die hier an der schottischen Nordküste von allen Seiten droht. Innerhalb des Mauergeviert herrscht jedoch weitgehend Windstille, die vielen Rosenbüsche verströmen einen betörenden Duft. Wie auch in anderen schottischen Parks und Gärten wachsen überall üppige Fuchsien.

Zum Abschluss gönnen wir uns noch einen Nachmittagstee in der Cafeteria, von wo aus wir ein letztes Mal den idyllischen Blick über die Bucht und zu den Orkneys genießen. Im Souvenir-Shop nebenan werden auch Früchte aus dem Nutzgarten des Castle of Mey angeboten. Wir entscheiden uns für ein Körbchen grüner Äpfel, die besonders naturwüchsig und gesund aussehen. Doch schon der erste Bissen bleibt uns im Hals stecken: Die Früchte sind so sauer, dass es uns förmlich die Mundschleimhäute zusammenzieht.

Wer hat nur diese ungenießbare Sorte gezüchtet? Und warum wurde sie in den Verkauf gebracht? Trotz unserer schmalen Münder müssen wir breit grinsen: Denn natürlich, so dämmert es uns, ist es das Vermächtnis von Queen Mum, die ihren späten Besuchern mit dem Humor einer schrulligen alten Monarchin einen Abschiedsgruß mit auf den Weg gibt.

Nicht weit vom Castle of Mey liegt Dunnet Head, der nördlichste Punkt auf der britischen Hauptinsel. Von den Bunkern und Baracken der Radar- und Abhörstation, in der hier tausende von Soldaten der britischen Luftwaffe und Marine im Zweiten Weltkrieg Funksprüche belauscht sowie Schiffs- und Flugzeugbewegungen in der gesamten Nordsee zwischen Norwegen, Dänemark und Schottland überwacht haben, sind nur noch Ruinen übrig. Die Antennenmasten und die dazwischen kunstvoll verspannten Drähte wurden abgerissen.

Wir sind jetzt fast bis zum 60. Breitengrad vorgedrungen. Auf der Südhalbkugel würde wenig weiter der Antarktische Kontinent beginnen. Tatsächlich ist auf den Infotafeln von einer Fauna und Flora der »Subarktischen Tundra« die Rede. Heute treibt der Wind eine Regenfront auf uns zu. Innerhalb einer Stunde wechselt die Stimmung von heller Septembersonne zu trübem, tiefem

Wolkengrau. Zwar bleiben wir vorerst von Regen verschont, doch sehen wir, wie die dichten Schleier einzelner Schauer über die weite Fläche der Nordsee jagen.

Später, in Thurso, erwischt uns jedoch das erste richtige Tiefdruckgebiet auf unserer Reise. Die ganze Nacht lang schüttet es wie aus Kübeln.

4. Tagesetappe

Thurso – Kinlochbervie

Munroisten und Skulpturen in der Wildnis, John Lennons Kindersommerfrische und die Königin der Nacht

In Thurso endet die Far North Line der Eisenbahngesellschaft ScotRail. Das Städtchen mit gut 7000 Einwohnern hat somit den nördlichsten Bahnhof Großbritanniens. Wochentags fahren von hier vier Züge auf der einspurigen Linie bis nach Inverness, wo es dann Anschlüsse ans Nationale Bahnnetz gibt.

Wir sind gestern nicht allzu weit gekommen, unterwegs war zu viel los, es gab eine Menge zu sehen und zu erleben. Umso weiter haben wir unser heutiges Ziel gesteckt: Wir wollen den langen Rest der Nordküste abfahren und am Ende ein erstes Stück nach Süden abbiegen. Das Wetter legt nahe, viel Zeit im Auto zu verbringen: Nach den heftigen Regenfällen der vergangenen Nacht ist die Luft heute erfüllt von einem dichten Sprühregen, bei dem man nicht weiß, ob er sich senkrecht, waagrecht oder überhaupt nicht bewegt. Schwere graue Wolken hängen knapp über Augenbrauenhöhe, alle Autos fahren mit Licht, die Scheibenwischer des Jaguars sind im Dauerbetrieb.

Nicht weit von Thurso liegen die Atomanlagen von Dounreay zwischen Straße und Nordmeer. Bis in die 1990er-Jahre, so heißt es, war hier aus Gründen der Geheimhaltung nichts auf den Land- oder Straßenkarten eingezeichnet. Dabei arbeiteten hier tausende von Spezialisten in einem der größten Zentren für die Entwicklung von Nukleartechnologien weltweit – in Brennstofffabriken, Reaktoren und Wiederaufarbeitungsanlagen. Das Gelände des industriell anmutenden Großkomplexes umfasst viele Quadratkilometer. Bis zum Ende des Forschungs- und Entwicklungsbetriebs sowie der Stromproduktion Mitte der 1990er-Jahre gab es einen Bahnanschluss und einen Flugplatz.

Noch immer ist der Atomstandort Dounreay abgesperrt durch hohe Zäune, Besucherautos müssen schon weit vor den Schranken zum Betriebsgelände abdrehen, werden auf einen entlegenen Parkplatz oberhalb umgeleitet. Niemand, der nicht bei der NDA beschäftigt ist oder in der Anlage dringend gebraucht wird, dessen Zuverlässigkeit zuvor nicht umfassend überprüft wurde, darf hier rein. Die Sicherheitskräfte haben auch außerhalb des Atomareals Zugriffsrecht, sofern sie einen Verdacht geschöpft haben. Anders als bei deutschen Atomkraftwerken gibt es kein Besucherzentrum, in dem alle technischen Vorgänge drinnen erklärt und transparent gemacht werden.

Auch für Reiseautoren aus Deutschland, die ein Buch über Schottlands Schönheiten entlang der NC 500 schreiben, über Land und Leute, über die Themen, die hier die Menschen und die Region bewegen, wird keine Ausnahme gemacht. Wir kommen nicht aufs Gelände und sollen uns, so die kurz angebundene Antwort auf unsere vorab gestellte schriftliche Anfrage, die Infotafeln oberhalb des Areals ansehen, zu denen uns das Sträßchen weit entfernt vom übermannshohen Zaun führt.

Das tun wir dann wohl oder übel. Einsam steht unser Jaguar dort im Regen, wir lesen die nüchternen Texte über eine angeblich glorreiche Vergangenheit von Dounreay als erster Schneller Brüter, der im Jahr 1961 Strom ins nationale Stromnetz geliefert hat. Und über die wenig ruhmvolle Gegenwart, die für den Abriss und die Entsorgung, die hier »Rückbau« heißen, den Einsatz von rund 2000 Experten nötig macht. In fernerer Zukunft, wenn alle Generatorhallen, Laborgebäude, Brennstofffabriken und Aufbereitungsanlagen abgerissen sind, soll die große weiße Reaktorkuppel als weithin sichtbares Denkmal des Atomzeitalters stehen bleiben. Außerdem soll hier ein Endlager für radioaktiven Müll entstehen.

Während der wenigen Minuten, die wir uns auf dem Besucher- und Aussichtsparkplatz aufgehalten haben, sind insgesamt vier Patrouillen von Menschen in roten und gelben Sicherheitswesten mit kritischem Blick auf Christians Fotoapparate und meinen Notizblock an uns vorbeigezogen.

Die Weiterfahrt ist zunächst ähnlich trostlos wie unser kurzer Aufenthalt in Dounreay. Anders als auf dem Kontinent haben die Dörfer in der Nachbarschaft offenbar nicht profitiert von der großen Atomanlage. Die Häuser an der Straße, die Kirchen, die Bauernhöfe sind schmucklos bis ärmlich, zum Teil verlassen oder heruntergekommen. Es fehlen die herausgeputzten Gemeindezentren, die Mehrzweckhallen und Schwimmbäder, die Springbrunnenanlagen in den Ortsmitten und die großen Gebäude für die Feuerwehr, den Turnverein oder den Tennisclub, die deutsche oder französische Betreiber von Atomkraftwerken ihren Nachbargemeinden spendieren, um sich so das Wohlwollen der Anwohner zu erkaufen.

Wir fahren zum Strand in der Bucht von Portskerra, der bei Surfern sehr beliebt ist. Hier laufen die Wellen des Nordatlantiks aus einem besonders günstigen Winkel und mit der richtigen Geschwindigkeit ein. Heute, unter der tiefen grauen Wolkendecke, herrscht ein besonderes Licht, eine geradezu mystische Atmosphäre über der gelben Sandfläche. Nebel hängen in den Uferfelsen, der Wind schiebt mal eine Regenfront über die Bucht, mal raschelt er nur im Gras der Schafweiden, die gleich hinterm Strand beginnen.

Trotz des nasskalten Wetters kommt auch heute ein Surfer nach Portskerra. Seinen alten Vauxhall parkt der drahtige Mann undefinierbaren Alters direkt an den Strandzugang, holt das Surfboard vom Dach und zieht den Trainingsanzug aus, unter dem er bereits den Neopren-Overall trägt. Nur die Schuhe muss er noch wechseln, die Sturmhaube überziehen und den Autoschlüssel auf dem Vorderreifen deponieren, dann flitzt er los, das Brett unterm Arm.

Minuten später stürzt er sich in die grauen Fluten des Nordatlantiks, paddelt raus bis ans Ende der Bucht und erwischt dort seinen ersten Brecher. Der trägt ihn für vierzig, fünfzig Meter zurück Richtung Strand – dann beginnt die Abfolge von Rauspaddeln, Wenden, Aufstehen, Gleiten und Absteigen von neuem. Wir verfolgen das Schauspiel, bis es uns in unseren Anoraks zu kalt wird. Im Jaguar drehen wir die Heizung und das Gebläse maximal auf und bewundern den offenbar eisernen Sportsgeist, die Zähigkeit und die Widerstandskraft mancher Schotten.

Obwohl das Strathnaver Museum direkt an der NC 500 in einer aufgelassenen Kirche untergebracht ist, hätten wir bei schönerem Wetter vielleicht nicht angehalten. Von der Straße ist es kaum zu erkennen, man muss gezielt Ausschau halten. Was uns an diesem Regentag leichter gelingt. Entstanden aus privaten Sammlungen zum ländlichen Lebensstil in Nordschottland zeigte die Ausstellung ursprünglich vor allem Haushaltsgeräte und bäuerliche Werkzeuge aus dem frühen 20. Jahrhundert. Mit der Zeit kamen jedoch immer interessantere Objekte hinzu – etwa der Bug eines Segelschiffs, das im Jahr 1858 an der Felsenküste zerschellt war, und dann mit der Wrackspitze die Giebelkonstruktion einer Kleinbauernkate lieferte.

Am meisten beeindruckt uns die Darstellung und Dokumentation der grausamen »Clearances«, die mehrere Schulklassen im Laufe der Jahre zusammengetragen haben, weil hier im Grenzland zwischen den Grafschaften Caithness und Sutherland vor etwa 200 Jahren besonders viele Kleinbauernfamilien die Heimat, nicht selten auch das Leben, in diesen »Säuberungen« verloren haben.

Mit Waffengewalt vertrieben durch die adeligen Großgrundbesitzer, die ihre Schafherden ohne Rücksicht auf eventuelle Anwohner weiden lassen wollten, mussten die mittellosen Häusler emigrieren, oftmals bis in die Vereinigten Staaten. Ihre Katen wurden niedergebrannt. Wenn es sich nicht anders einrichten ließ, auch vor den Augen ihrer ehemaligen Bewohner.

Im Obergeschoß des Museums, auf der ehemaligen Empore der Kirche, wird die Geschichte des Mackay-Clans gezeigt, des in der Gegend dominierenden Landadels. Draußen, im Kirchhof, kann man noch den »Farr-Stein« bewundern – ein etwa 1200 Jahre altes, hochkant aufgestelltes Grabmal aus der Spätzeit der Pikten. Eingearbeitet in verschiedene Ornamente trägt es ein besonders plastisch eingekreistes Kreuz – was zeigt, dass die darunter Beerdigten bereits christianisiert waren.

Leider hat das Café am Strathnaver Museum heute geschlossen. Nach der ungeheizten Kirche und dem Bummel über den nasskalten Friedhof könnten wir eine innerliche Aufwärmung gut gebrauchen. Als ein paar hundert Meter weiter das Bettyhill Hotel mit Tee und frischen Kuchen wirbt, nehmen wir das Angebot sofort an – obwohl gerade eine große Gruppe von Tourenradlern dem Hotel-Eingang zuströmt, offenbar zum selben Zweck. Die NC 500 ist nicht nur bei Autofahrern sehr beliebt, sie gilt inzwischen auch als eine ideale Strecke fürs Radwandern, mit und ohne Gepäck. Als die Service-Chefin des Gasthofs erfährt, dass wir aus Deutschland kommen, bedient sie uns persönlich – sie stammt aus dem Rheinland und freut sich, mit uns in ihrer Muttersprache zu plaudern, unsere Eindrücke über ihre neue Heimat kennenzulernen. Wir dürfen im stillen, warmen Kaminzimmer Platz nehmen, was eine wohltuende Abwechslung zu den widrigen Wetterverhältnissen draußen darstellt.

Hinter Bettyhill gibt es zwei Veränderungen: Zum einen wird die NC 500 immer öfter einspurig. Das bedeutet: Man muss sich mit dem Gegenverkehr abstimmen, wer an der nächsten »Passing Zone«, einer asphaltierten Haltebucht, wartet, bis das Fahrzeug aus der anderen Richtung vorbei ist. Normalerweise klappt das ganz gut, zumal die Briten überwiegend defensiver fahren als die meisten Kontinentaleuropäer: Wer näher dran ist an einer Ausweichstelle, der hält halt an, lässt den anderen passieren.

Nur bei Lieferwagen muss man aufpassen. Deren Fahrer stehen, vor allem wenn sie Waren oder Pakete ausliefern müssen, oft massiv unter Zeitdruck. Ihre Tagestouren in den leeren Regionen hier am Ende der Welt sind manchmal mehrere hundert Kilometer lang. Es kann dann passieren, dass ein Mercedes Sprinter, ein Ford Transit oder ein Fiat Ducato stur weiterfährt, sein Recht des Stärkeren durchsetzt. Dann sind präzise Reaktionen gefragt, um eine Kollision zu vermeiden – und nicht den Außenspiegel oder noch wertvollere Teile aufs Spiel zu setzen.

Bei mancher dieser angespannten Begegnungen brechen meine Reflexe durch: Ich weiche unwillkürlich auf die falsche Seite aus, nach rechts, wie ich es gewohnt bin und gelernt habe. Doch hier, im britischen Linksverkehr, behindere oder gefährde ich dadurch die Entgegenkommenden. Jedes Mal bin ich froh, wenn mein Gegenüber routiniert reagiert, dadurch einen Zusammenstoß verhindert und dann nachsichtig abwinkt.

Nicht nur das ständige Verzögern in den Passing Zones und die Schlaglöcher, die sich dort großflächig bilden, beschränken das Tempo auf den einspurigen Straßen hier in Schottlands äußerstem Nordwesten. Diese sind eben keine Verkehrsachsen von nationaler oder gar internationaler Bedeutung und folglich nicht besonders gut in Schuss. Auf den stark gewölbten, am Rand unbefestigten, oftmals gerissenen und zigmal geflickten Asphaltflächen ist an Geschwindigkeiten über 60 Stundenkilometer nicht zu denken.

Das Wetter wird allmählich besser. Der Regen hört auf, hin und wieder blitzt ein Stück blauer Himmel durch die Wolkendecke. Hinter Tongue, einem Touristenörtchen mit zwei hübschen Hotels und einer lauschigen Linde in der Dorfmitte, führt ein Brückendamm über den Kyle of Tongue. Am hinteren Ende dieses Meeresarmes erheben sich drei mächtige Berge: der Ben Tongue, der Ben Loyal und der Ben Hope. Letzterer ist fast 1000 Meter hoch. Für Hochgebirgsbewohner ist dies keine nennenswerte Höhe. Hier, ausgehend vom Meeresspiegel, ist es jedoch ein gewaltiges Massiv, das baumlos und dennoch recht grün vor uns emporragt.

Ben Hope ist der nördlichste aller 282 Munros. So heißen, benannt nach dem Alpinisten Sir Hugh Munro, schottische Berge, die höher sind als 3000 Fuß (914 Meter). Der mächtigste ist Ben Nevis bei Fort William mit einer Höhe von 1345 Metern. Ein britischer Nationalsport ist das »Bagging«, das »Sammeln« von Munros, also das Besteigen möglichst vieler dieser unwegsamen Titanen. »Munroist« darf sich nur nennen, wer tatsächlich alle Munros erklommen hat. Sir Hugh war dies leider nicht vergönnt: Als er 1919 im Alter von 63 Jahren starb, fehlten ihm noch zwei der Gipfel. Waren im Jahr 1981 nur 250 Munroisten registriert beim schottischen Mountaineering Club, sind es bei Redaktionsschluss dieses Buches bereits 6453.

Wir halten an auf dem Parkplatz, der von dem Brückendamm abzweigt, genießen das Farbenspiel auf der Wasseroberfläche des Kyle of Tongue und halten Ausschau nach den Delfinen, Mink- und Schweinswalen oder sogar Orcas, die sich nach Angabe der obligatorischen Infotafeln auf der Außenseite des Brückendamms zeigen sollen. Leider abermals ohne Erfolg.

Als wir die Anhöhe erreichen, die den Kyle of Tongue von der nächsten großen Meeresbucht trennt, ist das Wetter schon wieder so gut, dass Christian einen Drohneneinsatz wagt. Wenige Minuten, nachdem der Quadrocopter zum ersten Mal abgehoben hat und brummend über unsere Köpfe hinweggezogen ist, hält ein Pritschenwagen an. Ein Mann im orangefarbenen Schutzanzug steigt aus. Wir sind besorgt: Haben wir etwas falsch gemacht? Darf man hier etwa nicht mit der Drohne fliegen? An den Atomanlagen von Dounreay hatten zahlreiche Schilder jeden Drohnen-Einsatz verboten.

Doch der Mann in der Ganzkörperwarnweste schiebt zunächst seine Pudelmütze zurecht und dann seine rechte Hand vor zum Gruß: Er heiße Craig, sagt er, und interessiere sich für die Drohne. Was die so alles könne, wie lange man brauche, um sie kundig und verantwortungsvoll zu fliegen? Und wie lange halten die Batterien für die Elektromotoren der Propeller? Gibt's die Steuerungs-App nur für iPhones oder auch für Android-Telefone? Christian gibt dem schottischen Bauarbeiter bereitwillig Auskunft, führt ein paar raffinierte Flugmanöver vor und zeigt alle Bedienelemente der Steuerungs-App.

Mir erzählt Craig im Gegenzug vom Leben am menschenleeren Nordende der Highlands: Er war Busfahrer, hat Schulkinder morgens eingesammelt und am Nachmittag wieder nach Hause gebracht, vor einigen Jahren hat er gewechselt in den Job als Straßenwart. Im Winter fährt er den Schneepflug, da muss er früh raus. Dennoch sind seine Frau und er »total zufrieden«. Es sei ein gemütliches Leben, »a cozy life« hier oben im Norden, sagt Craig. Manchmal ein bisschen langsam und manchmal auch anspruchsvoll, etwa wenn der Schnee, den er räumen muss, immer wieder verweht. »Aber alles in allem ›easy going‹. Niemand macht mir hier Druck, niemand steht mir auf den Füßen.«

Bevor er sich verabschiedet, notiert sich Craig die genaue Typenbezeichnung der Drohne. Zu Hause will er sich sogleich im Internet informieren, was unser Modell jetzt in Großbritannien kostet. Als Schotte spricht er tatsächlich von »Great Britain«, nicht etwa von England, wie das unsereinem womöglich passieren könnte!

Am westlichen Ufer des Loch Eriboll, des nächsten großen Meeresarms auf dem Weg der NC 500 in Richtung Westen, hat Lotte Glob ihr Atelier. Die Tochter des Archäologen Peter Glob, 1960 bis 1981 Direktor des Dänischen Nationalmuseums, kam 1968 in die Highlands, um hier einen neuen Zugang zu finden zum Töpfereihandwerk, das sie zuvor in ihrer Heimat und in Irland erlernt hatte. Heute ist die Mittsiebzigerin eine der namhaftesten Künstlerinnen mindestens im Norden, vielleicht sogar in ganz Schottland.

Lotte Glob erwartet uns im Verkaufsraum ihres Anwesens, der Galerie. Auch bei ihr haben wir uns zuvor schriftlich angekündigt, wir freuen uns, dass sie jetzt Zeit und Lust hat, uns ihre Werke und ihre Werkstätten zu zeigen. Glob hat ihre grauen Haare hochgesteckt, ihr Gesicht ist offen und sie lacht gern, wobei ihre graublauen Augen warm blitzen und sich lustige Lachfältchen bilden.

Sie nennt sich selbst nicht Bildhauerin, sondern Töpferin, »Potter«; und obwohl wir wenig wissen über die Techniken und die Möglichkeiten des Töpferns, kommen wir in ein sehr persönliches Gespräch über Kunst in ungewöhnlichen Lebensumständen. Weil es dabei sehr humorvoll zugeht und Lotte Glob mit dem typischen skandinavischen Akzent spricht, fühlen wir uns schon nach wenigen Minuten, als plauderten wir mit einer Schwester von Astrid Lindgren.

Als Lotte Glob in der Woodstock-Ära mit ihrer Kleinkind-Tochter nach Nordschottland kam, »ging es darum, sich über Kunst zu definieren und zu etablieren«, sagt sie. Heute hingegen, »im Ikea-Zeitalter, ist alles nur noch Design. Nichts gegen Ikea und ganz gewiss nichts gegen gut gemachtes Design. Aber Design steht für Konsum. Und Kunst steht für sich. Für ihren Schöpfer und für alle, die sich an ihr erfreuen.« Heute, in der Design-Ära, sagt sie ohne jede Bitterkeit, wäre »eine Selbstverwirklichung mit handwerklich fundierter Kunst in Nordschottland«, wie sie ihr gelungen ist, »kaum mehr möglich«.

Im Gepäck hatte Glob nur eine Menge Ideen. Allerdings brachte sie auch Tatendurst, Mut und Ausdauer mit. Diese Saat fiel auf den Boden der besonderen Freiheiten, die Schottland unter vielen anderen auch seinen Künstlern bietet. Zum Beispiel durch eine zwar karge, doch kostenlose Unterkunft in den aufgelassenen Kasernen des benachbarten Durness, wo im Zweiten Weltkrieg eine weitere Abhör- und Frühwarnstation der Britischen Armee untergebracht war. Ihren ersten Brennofen baute sie aus Erde, befeuerte ihn mit Holz. »Bis heute habe ich deshalb ein Faible für Holzbrennöfen«, sagt sie. »Flammen und Rauch hinterlassen einen unnachahmlichen Effekt auf den Glasuren.«

Eine weitere handwerkliche Besonderheit ihrer Kunst sind die Mineralienfunde, die Lotte Glob in ihre Töpfereien integriert – und einschmilzt. Mehrmals pro Jahr bricht sie auf zu tagelangen Wanderungen durch die Wildnis der Highlands, sammelt unterwegs alle besonderen Steine, Kristalle und Mineralien auf, die sie findet, und arbeitet diese nach ihrer Rückkehr in ihre modellierten Tonskulpturen ein. Die Öfen heizt sie dann auf so hohe Temperaturen, dass auch diese Fundstücke schmelzen – »und damit die selbe Form annehmen, die sie zuvor, bei der Entstehung der Erdoberfläche aus flüssiger vulkanischer Materie, hatten«. Für Glob ist diese Kombination »das kreative und das konzeptionelle Fundament« ihrer Arbeit und »die ideale Form, um Kunst und Natur zu verschmelzen«. Nirgendwo, sagt sie, falle ihr diese Fusion so leicht wie hier, am nördlichen, menschenleeren Ende der Highlands.

Glob zeigt uns ihre Werkstätten, ihre Materialsammlungen und ihre verschieden großen Brennöfen, verteilt auf mehrere Gebäude. Unter Obstbäumen steht tatsächlich ein großer, selbst gemauerter Holzbrennofen. Den nutzt sie heutzutage nur noch einmal im Jahr: Das Beladen und Befeuern der engen Höhle »ist in meinem Alter recht mühsam, meinem Rücken nicht zuträglich«, bedauert sie.

Insgesamt umfasst das Anwesen der Lotte Glob, das von der höher gelegenen Landstraße zum Loch Eriboll hin abfällt, mehr als drei Hektar. Ziemlich genau in der Mitte des Grundstücks steht ihr Wohnhaus, ein Holzbau auf Pfählen mit weit heruntergezogenem, kupfergedeckten Tonnendach, dessen Längsachse in Richtung Meer zeigt und an der Vorderseite breite Sicht auf die Bucht bietet. Die Architektur ist so ungewöhnlich und dennoch so passend für die raue, leere Landschaft am Ufer des Loch Eriboll, dass das Haus im Jahr 2015 mit dem gleichen Preis ausgezeichnet wurde wie drei Jahre später das Nucleus-Gebäude in Wick. Am Ende der Führung durch ihr Atelier und die Galerie fordert uns Glob auf, den wilden Garten selbst zu erkunden, den sie mit ihren Arbeiten ausgestattet, zu einer Verschmelzung von Kunst und Natur in einer anderen Dimension gestaltet hat.

Sie nennt das Ergebnis nicht »Skulpturen-Park«, wie es in der Kunstszene üblich wäre: »Ein Park verlangt nach geordneter Natur«, sagt sie, »ich hingegen lasse Pflanzen und Tiere auf meinem Grundstück unkontrolliert wachsen und leben«. In Globs Terminologie und Denkwelt ist ihre Ausstellung unter freiem Himmel ein »Sculpture Croft«, ein schottischer Kleinbauernhof für Plastiken, »auf dem alles gedeiht, was man mit seiner eigenen Hände Arbeit hinkriegt«.

Im Laufe der Jahre hat Lotte Glob auf ihrem Grundstück viele hundert Bäume gepflanzt, vor allem Birken, Ebereschen und Apfelbäume. »Nehmt euch von jedem, der noch Früchte trägt«, rät sie uns, bevor wir zu unserem Rundgang aufbrechen, »und vergleicht die Geschmäcker! Ich habe mindestens sechs verschiedene Apfelsorten!« Tatsächlich stoßen wir auf unserem Weg gleich auf zwei üppig behangene Bäume, deren winzig kleine, rote und gelbe Früchte sehr viel besser schmecken als die ultrasauren Grünlinge, die wir tags zuvor im Castle of Mey gekauft haben. Weil wir später noch an weiteren Apfelbäumen vorbeikommen, sind am Ende unsere Taschen gefüllt mit einem ganzen Sortiment saftiger Köstlichkeiten.

Die Plastiken in Lotte Globs Sculpture Croft sind im wahrsten Wortsinn verwachsen mit der Natur. Schillernd glasierte Tonringe umschlingen Baumstämme und -äste, blau schimmernde Schalen fangen den Regen auf, ihre Wasseroberflächen vermischen die Reflexionen des inzwischen wieder blauen schottischen Himmels mit Globs satt aufgetragenen Farbtönen. Immer wieder stoßen wir auf Überraschungen, die wir für Pilze, Moospolster oder andere, bodennahe Gewächse gehalten haben, für Zweige oder für Flechtenbewuchs, die sich jedoch als kunstvoll geformte Tongebilde in Mimikry-Farben entpuppen.

Immer öfter bleiben wir stehen und staunen, bewundern die ungewohnten Perspektiven auf die Landschaft, die Pflanzen, das Meer und den Himmel, die sich beim Betrachten der Kunstwerke auftun, die neuen Proportionen, in denen plötzlich Bäume und Büsche, Gräser und Pfützen erscheinen, wenn in ihrer Nachbarschaft eine große oder kleine Skulptur aus glasiertem Ton auftaucht. Auf dem Rückweg zur Galerie überraschen uns zwei Pfeiler aus grünlichen Glasbausteinen, deren lotrechte Linien und streng quadratische Kantigkeit einen scharfen Kontrast bilden zu dem ansonsten harmonischen Naturidyll fließender Formen.

Höhepunkt der Ausstellung ist für uns die »steinerne Bibliothek«, die Lotte Glob in einem nur halbfertigen Turm, geformt wie ein piktisches »Broch«-Rundhaus, eingerichtet hat: Auf starken Regalbrettern lagern die Nachbildungen dicker Bücher aus Ton. Die farbigen Einbände sind mehr oder weniger aufgeklappt, als hätte der Regen das Papier aufquellen lassen, der Wind die Seiten bewegt. Tatsächlich sind die Buchseiten gepresste Tonplatten, rechteckig zurechtgeschnitten. Dazwischen quellen eingeschmolzene Bergkristalle, Kiesel und Halbedelsteine hervor, die beim Brennen quasi eingebacken wurden. Unwillkürlich will man blättern in den vielen Kilo schweren Wälzern. Doch das hartgebrannte Material widersetzt sich, bleibt steif und unzugänglich, rau und kalt.

In ihrer Galerie bietet Glob einige »steinerne Bücher« zum Verkauf an – jedes für einen vierstelligen Betrag. Sie kann »inzwischen gut leben von ihrer Kunst«, hat Kunden in aller Welt, die sie zum Teil regelmäßig in ihrem Atelier besuchen, stellt aus und verkauft über Galerien in Dänemark, Schottland und England. In den vergangenen Jahren hat sie 85 Werke »ausgewildert« in die leeren Highlands, auf einsame Gipfel und entlang entlegener Wanderwege – quasi als Dank an die Region, die ihr diese eigenständige Kunst ermöglicht hat.

In Durness, unserer nächsten Station, liegt die Smoo-Höhle unter den Felsen des Atlantik-Hochufers: ein natürliches Gewölbe, so voluminös wie ein Flugzeughangar und so tief wie eine Kathedrale. Im hintersten Teil donnert ein Wasserfall dramatisch durch die Felsendecke, sein Abfluss schlängelt sich dann friedlich über den Sandboden der gigantischen Kaverne. Zur Wikingerzeit und danach haben hier oft Schiffsmannschaften Schutz und Quartier gesucht, wenn die Winterstürme eine Weiterreise durch den »Höllenmund« des Pentland Firth und nach Hause, nach Skandinavien, unmöglich machten.

Von 1950 bis 1957 war Durness die Sommerfrische von John Lennon, der hier bei einer Tante regelmäßig Urlaub machte. Verschiedene Beatles-Exegeten haben den Song *In My Life*, im Jahr 1965 auf dem Album *Rubber Soul* veröffentlicht, mit Lennons Aufenthalten in Nordschottland in Verbindung gebracht, wofür es jedoch keine Belege oder Beweise gibt. Die Gemeinde Durness würdigt ihren berühmten Sommergast durch ein Denkmal in einem kleinen, eigens angelegten Park. Drei Gedenksteine geben den Songtext von *In My Life* wieder: »There are places I remember all my life, though some have changed ...«

Von Durness bis Kinlochbervie sind es nur 30 Kilometer. Doch geht es auf den einspurigen Straßen nur langsam voran. Wir kommen in dem Fischerdorf an der Westküste erst an, als die Sonne gerade im Atlantik versinkt. Wieder gibt es ein prachtvolles Farbenpanorama und -spektrum zwischen Himmel und Wolken.

Tatsächlich ist es zumindest heute an der Westküste wärmer als an unserer zuvor zurückgelegten Strecke. Spät am Abend, Christian sortiert, bearbeitet und speichert seine heutige Fotoausbeute, breche ich nochmal auf für einen kleinen Spaziergang. Aus den Büschen, die die stillen Dorfstraßen am Wasser säumen, erklingt der Gesang von Nachtigallen. Noch beim Einschlafen habe ich die kunstvoll schrägen Triller im Ohr, die mich, heute wie jedes Mal, wenn ich in den Genuss eines solchen Konzerts komme, an die Arie der Königin der Nacht aus Mozarts *Zauberflöte* erinnern.

5. Tagesetappe

Kinlochbervie – Gairloch

Ein Brückenbauer, ein Schloss mit zwei Gespenstern und der Himalaya in den Highlands

Am fünften Tag unserer Rundreise haben wir in Kinlochbervie zumindest kalendarisch die Hälfte der NC 500 bereits hinter uns. Die Strecke entlang der Ost- und Nordküste hat uns durch milde, von Ackerbau und Viehzucht geprägte Landschaft im Osten geführt, an wilde Küsten, in leere Buchten und zu hohen, baumlosen Bergen im Norden. Nun fahren wir entlang der Westküste nach Süden – im Einflussbereich des warmen Golfstroms, doch den rauen Westwinden direkt ausgesetzt.

Unser Jaguar schnurrt nach wie vor, dass es eine Freude ist. Obwohl er bisher alle Nächte im Freien verbracht hat, springt er jeden Morgen klaglos an, egal wie nass oder kalt es auch ist. Die ersten anderthalb Minuten klingt er bisweilen noch etwas unausgeschlafen, räuspert sich und sendet blaugraue Wölkchen aus beiden Auspuffrohren. Nach der ersten Aufwärmphase findet er aber in jenen wohlig gutturalen, drehmomentsatten, erwartungsvollen Powersound, wie ihn nur 12-Zylinder verströmen können. Im Cockpit bewegen sich dann die Zeiger der Rundinstrumente auf den Normalbereich zu, bei Bedarf pustet die Klimaanlage jetzt warme Luft über die Scheiben vorn.

Geöffnet und angelassen wird das historische Coupé mit drei Schlüsseln, so filigran wie ein medizintechnisches Werkzeug. Der Zündschlüssel ist davon der größte – aber nur, weil sein Griff, der im Einsatz aus dem an der Lenksäule angebrachten Zündschloss herausragt, einen dicken Gummimantel trägt zum Schutz des Fahrer-Knies und -Beins bei einem Aufprall. Der Öffner für die Türen sowie der dritte Schlüssel für die Kofferraumhaube sind winzig, aus flachem Edelstahlblech herausgefräst und -gefeilt. Der komplette Satz passt bequem in die Tasche auch der engsten Hose.

Die Sitze werden von Hand eingestellt, ebenso die Außenspiegel und alle anderen adaptierbaren Elemente. Auf der Mittelkonsole finden sich mehrere Kippschalter, unter anderem für Nebelleuchten und Fernlicht. Einzig die Fenster und die Türverriegelung lassen sich per Knopfdruck elektrisch bedienen.

Dank unserer Routine dauert das Beladen des Kofferraums jetzt keine zwei Minuten mehr. Wir wissen genau, wo welche Tasche hingehört, jeder Handgriff sitzt. Und wir kennen die kleine Unschärfe in der Anzeige der Benzinuhr, wenn der Sprit aus dem rechten Tank abgepumpt wird. Jeder der beiden Behälter in den hinteren Kotflügeln hält gut 120 Meilen. Nutzt man den rechten Tank, muss man nach Meilenzähler fahren. Denn der Inhalt ist aufgebraucht, obwohl die Benzinuhr noch knapp unter einem Viertel steht. Zum Glück ist uns dieser Fehler aufgefallen, als der Vorrat im linken Kotflügel noch unangetastet war und wir umschalten konnten, ohne liegenzubleiben.

Kinlochbervie ist ein Fischerdorf an einer Meeresbucht etwas westlich der NC 500. Wir haben, wie so oft, in einem Privatquartier übernachtet, das wir unterwegs über die Airbnb-Website gefunden und gebucht haben, und heute setzt sich unsere Vermieterin zu uns an den Frühstückstisch. Morag, eine alleinstehende Mutter, ist Ende 40 und arbeitet fürs Sozialamt. Das ist in Schottland keine Behörde in der weit entfernten Kreisstadt. Vielmehr fahren hier die Sozialarbeiter wie Morag selbst zu ihren Klienten, oft sogar unaufgefordert, einfach um nach dem Rechten zu sehen.

»Wir gehen auf die Menschen zu, die unsere Hilfe brauchen«, sagt Morag. »So erfahren wir besser, wo jeweils der Schuh drückt und können meistens schon im Vorfeld eingreifen, das Schlimmste verhindern.« An jedem Arbeitstag – Morag arbeitet nur in Teilzeit, sie will sich noch genug um ihre halbwüchsige Tochter kümmern können – fährt sie viele Dutzend Kilometer durch die Grafschaft Sutherland, auch zu entlegenen Höfen und Weilern. Dort besucht sie Alte und Kranke, Haftentlassene, Arbeitslose und alleinstehende Mütter, die so viele Kinder versorgen müssen, dass sie nicht arbeiten können.

»Das größte soziale Problem hier im schottischen Norden ist nicht das fehlende Geld«, sagt Morag. »Man kommt hier mit sehr wenig aus. Das größte Problem ist, wenn die Einsamkeit, die sich bei unserer geringen Bevölkerungsdichte leicht einschleicht, zu Alkoholismus führt.« Diese kritische Reflexion über die Befindlichkeiten und Beschränkungen ihrer Landsleute hält sie nicht davon ab, im nächsten Satz kräftig auf alle Regierungen zu schimpfen. Auf die in London sowieso, aber auch auf die schottische Regionalverwaltung. Beide, so Morag, investierten viel zu wenig in die Verbesserung des Standorts, hätten die nördlichen Highlands längst aufgegeben.

Morag bewohnt ein kleines Endreihenhaus, das eine Bucht des Meeresarms von Kinlochbervie überschaut und im typisch nüchternen Stil der 1970er-Jahre gebaut wurde. Ihre Tochter hat es gut: In Kinlochbervie hat vor einigen Jahren eine neue Sekundarschule eröffnet. Deren Oberstufe umfasst heute zwar nur noch 45 Schüler, »doch dafür ist die Betreuung einmalig«, lobt Morag. »Den Jugendlichen steht dadurch der Weg auch zu den besten Hochschulen im Süden offen.« In ihrer Generation war das noch anders: Damals musste, wer zur Uni wollte, einen Platz im Internat haben – entweder bezahlt von solventen Eltern oder gesponsert durch ein Stipendium. »Beides gab es in den nördlichen Highlands nicht sehr oft.« Weshalb die Quote der Hochschulabsolventen in der Region bis in die Gegenwart deutlich unter dem Durchschnitt des Vereinigten Königreichs, aber auch Schottlands liegt.

Morag hat tausend Tipps für unsere weitere Reise: Hier ein Wasserfall, dort ein Luxushotel mit Feinschmeckerrestaurant und exzellenter Aussicht über den benachbarten Loch, hier eine Bergtour, dort eine kleine Buchhandlung »mit exquisitem Sortiment«. Sie empfiehlt auch die Ausstellung zur Geologie der wilden Bergformationen aus präkambrischem Gneis in einem der Naturpark-Center am Weg. Am meisten schwärmt sie jedoch von den soliden Steinbogenbrücken, die der Straßen- und Brückenbau-Pionier Thomas Telford im frühen 19. Jahrhundert in ganz Nordschottland errichtet »und so die Highlands erst erschlossen hat«.

Laxford Bridge, nur wenige Kilometer entfernt an der Route der NC 500 gelegen, ist eine dieser Brücken. Die sollen wir uns unbedingt ansehen. Tatsächlich gab es, bevor Telford im Auftrag der britischen Zentralregierungen aktiv wurde, in den Highlands nur Militärstraßen, oftmals zu steil und zu uneben, um sie mit Lastenkarren zu bewältigen. Erst durch die vielen hundert Brücken, verbunden durch gepflasterte und regelmäßig unterhaltene Chausseen, kamen Handel und Wirtschaft in die entlegenen Grafschaften.

Doch zuerst schauen wir uns noch in Kinlochbervie selbst um. Wie die meisten schottischen Dorf-Gotteshäuser ist auch hier die kleine Hallenkirche nach einem schlichten Standard-Modell mit symmetrischer Architektur gebaut: Ein Satteldach über einem rechteckigen Grundriss, in den Wänden der Längsseiten jeweils zwei hohe Fenster, dazwischen eine zweiflügelige Tür. Außer zwei leicht überragenden Giebeln gibt es keine weiteren Schmuckelemente. Sehr protestantisch.

In einer geschützten Bucht stehen die Hallen einer kleinen Fischfabrik. Hier, in »Schottlands nordwestlichstem Fischereihafen«, wie der Tourismusprospekt superlativisch formuliert, landen lokale Trawler ihren Fang aus dem Nordatlantik an, lassen ihn ausnehmen und tieffrieren. Vor den binnenseitigen

Rolltoren warten Kühlcontainer auf Stelzen mit laufenden Aggregaten auf ihren Abtransport per Lkw. Jeden Tag, hat uns Morag erzählt, rollen zwei bis drei große Fuhren über die schmalen Routen der NC 500 nach Süden. In der ehemaligen Dorfschule von Kinlochbervie haben junge Leute ein Restaurant eingerichtet, das wegen seiner engagierten Küche aus frischen Zutaten und wegen der puristischen Dekoration Gäste von nah und fern anzieht.

An der Laxford Bridge können wir dann später tatsächlich das ingeniöse Denken des Thomas Telford gut studieren: Die Straße führt an beiden Seiten eben zu der einbögigen Konstruktion aus grauen Bruchsteinen, die hüben und drüben robust auf zwei Felsen gelagert ist. Neben Straßen und Brücken baute Telford auch Kanäle, Schleusen- und Hafenanlagen.

Aus zeitgenössischer Sicht eindrucksvoller als die Laxford Bridge ist freilich die Architektur der Kylesku-Brücke ein paar Kilometer weiter im Süden. Der imposante Betonbau, im Jahr 1984 von der Queen persönlich dem Verkehr übergeben, spannt sich in einer sanften Krümmung hoch über den Loch Cairnbawn und eröffnet beim Überqueren links und rechts fantastische Ausblicke. Am südlichen Ende der Brücke zweigt links ein kleines Sträßchen ab zum Kylesku-Hotel, dem Gasthof mit der wohl am meisten gerühmten Küche entlang der NC 500. Die Köche legen besonderen Wert auf lokale Zutaten wie Kräuter, Beeren, Pilze und andere Naturalien. Die Fische, Hummer, Garnelen und anderes Meeresgetier werden jedenfalls gleich nach dem Fang direkt ans Hotel geliefert, verspricht die Website. Das Rindfleisch stammt von Galloway- oder Aberdeen-Angus-Herden in der Nachbarschaft, das Wild wird von heimischen Jägern angeliefert.

Gleich hinter der Abfahrt zum Hotel liegt der »Rock Stop« des North West Highlands Geopark. Seine Earth Science Exhibition zeigt die Details zur Geologie, die Morag in ihrem Vortrag zur schottischen Heimatkunde nur kursorisch erwähnen konnte. Am eindrucksvollsten ist die Karte, auf der die Verteilung der verschiedenen Gesteinsformen im schottischen Nordwesten verzeichnet ist: Der größte Teil des Felsfundaments besteht aus amerikanischem Gneis – mit rund drei Milliarden Jahren eines der ältesten Gesteine auf der gesamten Erdoberfläche. Seine Verwandtschaft zu den Formationen des Kanadischen Schildes zeigt, dass das nordwestliche Ende Schottlands ursprünglich nicht zum Rest der britischen Hauptinsel gehörte. Die Kontinentaldrift hat es vom amerikanischen Kontinent abgerissen und quasi an Großbritannien »angeheftet«.

»Gneis erkennt man leicht, auch im Vorbeifahren«, hatte uns Morag beigebracht: Dort wächst nichts. Kein Wald, kein Buschwerk, kein Gras und erst

recht keine Feldfrüchte. Der graue Fels liegt meist offen zutage. Die Erosion durch Wind und Regen hat die Hügel und Berge der schottischen Nordwestküste rund und glatt geschliffen.

Ardvreck Castle am Loch Assynt ist die wohl gruseligste Burgruine direkt am Wegesrand der NC 500. Von dem einst wehrhaften Bau, errichtet Ende des 15. Jahrhunderts, ist kaum mehr als der wuchtige Hauptturm übrig, der sich heute in einen nebelgrauen Himmel reckt. Das Gemäuer steht auf einer grasbewachsenen Landzunge, die so schmal und so flach ist, dass sie oft überspült wird und die Burg dann unerreichbar auf einer Insel in dem Süßwassersee steht.

Wir haben heute Glück, können uns die groben Mauern aus der Nähe ansehen und auf den obligatorischen Infotafeln die blutrünstige Geschichte von Ardvreck Castle nachlesen: Sein wohl berühmtester Gast dürfte James Graham, Marquis von Montrose, gewesen sein, der im Jahr 1650 vor seinen republikanischen Verfolgern um den Londoner Lordprotektor Oliver Cromwell und vor dessen schottischen Unterstützern hierher flüchtete. Der königstreue Montrose, der als Feldherr eines schottischen Widerstandsheeres den Republikaner-Truppen unter Führung des ebenfalls schottischen Marquis von Argyll in den 1640ern mehrere empfindliche Niederlagen beigebracht und es in der Folge kurzzeitig zum »Master of Scotland« gebracht hatte, war inzwischen unterlegen, seine Armee aufgelöst. Der Verfolgte hoffte, die Hausherren vom MacLeod-Clan empfänden ebenso schottisch-patriotisch wie er, würden ihn im abgelegenen Ardvreck Castle vor den Verfolgern verstecken und unterstützen.

Lady Christine MacLeod lockte ihn jedoch ins Schlossgefängnis, setzte ihn dort gefangen und verriet ihn an die Republikaner, die ihn nur noch abholen mussten. Der Marquis von Montrose wurde als Aufständischer verurteilt, gehängt und zur Sicherheit noch zusätzlich geköpft und geviertelt. Seine so zerstückelte Leiche wurde zur Abschreckung in Edinburgh öffentlich ausgestellt, bis König Charles II. in der »Restauration« des Jahres 1660 die gesamtbritische Krone zurückerhalten und den schottischen Republikanerführer Argyll seinerseits hatte enthaupten lassen. Der Marquis von Montrose soll seither als »Gespenst im grauen Umhang« durch Ardvreck Castle spuken.

Theodor Fontane, der große deutsche Romancier des 19. Jahrhunderts, hat die blutigen Stammesfehden der Schotten in seiner Reisereportage *Jenseits des Tweed* ironisch pauschalisiert: »Überall die selbe Geschichte von einem ›Chief‹ oder Häuptling, der einen anderen Chief zu Gast geladen und ihm den Kopf eines Vaters oder Sohnes als Tafelverzierung auf den Tisch gestellt hat; überall eine Clanschlacht, ein Waten in Blut, bis endlich einmal die Erzählung voll rührender Gewalt oder eine ganz aparte Schreckensgeschichte den gewöhnlichen Schauerroman unterbricht. Es imponiert und prägt sich dem Gedächtnis ein, wenn ein Hochlandchief seinem englischen Gegner die Kehle abbeißt und hinterher versichert, nie einen besseren Bissen gehabt zu haben.«

Der Verrat am Marquis von Montrose und am schottischen Patriotismus hat den Besitzern des Schlosses keinen Vorteil gebracht. Im Gegenteil: Nach einer 14-tägigen Belagerung durch den MacKenzie-Clan, der bei den MacLeods seit Generationen ausstehende Schulden eintreiben wollte, mussten die Erbauer Ardvreck Castle im Jahr 1672 aufgeben und den MacKenzies überschreiben. Die wurden jedoch in dem kalten, nassen Gemäuer auch nicht heimisch und rissen es teilweise ab, um mit den Steinen außerhalb der Landzunge ein zeitgemäßeres, wohnlicheres Schlösschen zu errichten: Calda House.
 Aber auch die MacKenzies gerieten in Schwierigkeiten, mussten den Neubau im Jahr 1737 an den Earl of Sutherland verkaufen. Bevor der Graf die Liegenschaft richtig nutzen konnte, wurde Calda House von renitenten Verbündeten der MacKenzies niedergebrannt. In die Reste von Ardvreck Castle schlug im Jahr 1795 ein kräftiger Blitz ein und versetzte den alten Wehrbau ungefähr in jenen Zustand, der heute noch zu besichtigen ist.
 Die Ruine bietet indes den seltenen Luxus eines zweiten Schlossgespenstes: Eimhir, die Tochter des Erbauers Angus Mor MacLeod III., soll dort ebenfalls umgehen. Ihr Vater, der sich mit dem Bau übernommen hatte, suchte angeblich Unterstützung beim Teufel und versprach seinem Verbündeten als Erfolgshonorar eine Tochter zur Frau. Als Eimhir nach Fertigstellung der Burg erfuhr, dass die Wahl des Teufels auf sie gefallen war, flüchtete sie sich in den Hauptturm, der noch heute zu sehen ist, und stürzte sich von dessen oberster Zinne in den Tod. Seither soll auch sie hier spuken.

Kurz vorm Hafenstädtchen Ullapool, in der Streusiedlung Rhue, besuchen wir das Atelier von James Hawkins, das nur wenige Kilometer vom Verlauf der NC 500 entfernt liegt. Der englische Maler hatte Ende der 1970er-Jahre die Kunsthochschule in Oxford verlassen und war zusammen mit seiner heutigen Ehefrau Flick in die Highlands gezogen, »um dem Gesumm und Gebrumm, der ewigen Selbstbezüglichkeit einer Akademie zu entfliehen« und sich »endlich auf das zu konzentrieren, was mich wirklich beschäftigte, bewegte«: Die Landschaften und die Natur der wildesten und rauesten Teile von Schottland so zu malen wie Porträtisten, die ihren Objekten einen besonderen Charakter verleihen.

Ähnlich wie Lotte Glob ein paar Jahre zuvor und gut 100 Kilometer nördlich, konnte das Paar die für Schottland typischen Freiheiten nutzen für ungewöhnliche Entwicklungen. In Ullapool arbeiteten die damals mittellosen jungen Leute zunächst als Entrümpler und Gebäude-Grundreiniger. Weil Öl- oder Acrylfarben zu teuer waren, entstanden vor allem Aquarelle, die James auf der Hafenmeile von Ullapool an Touristen verkaufte. »Ich saß dort mit meiner Staffelei und malte auf Zuruf Motive aus den Highlands«, erinnert sich der vielfach ausgezeichnete Künstler heute. An guten Tagen nahm er damit hundert Pfund Sterling ein.

Nach zwei Jahren konnte sich das Paar für 24 000 Pfund in Rhue ein Grundstück direkt am Meer mit einer Doppelgarage kaufen, die eigentlich abgerissen werden sollte. Großteils mit eigenen Händen bauten die Hawkins' daraus ein Heim für ihre nun wachsende Familie und ein Atelier für James. »Wir versorgten uns weitgehend selbst, hielten Ziegen, Hühner, Schweine, Schafe«, erzählt James. »Das machten damals alle so, die aus der Stadt weit raus aufs Land zogen.«

Sein Durchbruch kam in den 1980ern durch die Bühnenbilder für eine Theaterproduktion in Inverness sowie durch eine große Ausstellung in Edinburgh. Seither, so formulieren es Kunstgeschichtler und -kritiker, malt er »halb abstrakt«.

James Hawkins ist drahtig-durchtrainiert und hat einen kräftigen Händedruck. Er trägt einen groben Pullover mit V-Ausschnitt, Jeans und Schnürstiefel. Er spricht mit fester, männlicher Stimme und noch immer ein Englisch ohne schottischen Akzent. Sein ergrauter Dreitagebart verrät das wahre Alter des Mittsechzigers, doch das Funkeln in seinen Augen, das sich bei seinen Geschichten und Erläuterungen zu seiner Kunst immer wieder breit macht, lässt ihn jünger wirken.

Kunst, sagt James Hawkins, lebe »vom Problemelösen«. Die meiste Zeit, so erzählt er, beschäftigt er sich mit den Methoden, um die Ideen, die er als Bleistiftzeichnungen in Kladden und als Digitalfotos sammelt, in Malerei umzusetzen. Er tüftelt an Werkzeugen und überlegt, wie er seine Werkstoffe am besten bearbeitet, damit genau jene Formen und Strukturen entstehen, die ihm jenseits der Skizzen vorschweben. Fürs Mischen der Acrylfarben, mit denen er heute meistens arbeitet, hat er sich zum Beispiel einen Mixer gebaut, für den er einen hölzernen Kochlöffel ins Bohrfutter einer elektrischen Bohrmaschine mit

variabler Drehzahl einspannt. Fürs präzise Sägen und Fräsen der ultraharten Karbonfaserfragmente, aus denen er plastische Elemente für seine Gemälde formt, hat er Diamantwerkzeuge entwickelt.

Ähnlich wie die Neoimpressionisten und später die Fauvisten malt James Hawkins mit ungewöhnlichen Farben. Bäume oder Wälder können bei ihm in Lilatönen spielen, die Lichteffekte auf den Hängen und Matten entfernter Berge tupft er pointillistisch mit Orange, Moosgrün, Ocker und Rostrot. Große Flächen gewinnen Struktur durch pastos aufgetragene Farbe. Hierzu setzt Hawkins sogenannte Rakel ein, hölzerne Spachtel, so groß wie Straßenbesen. Auch Gerhard Richter, auf den sich Hawkins explizit bezieht, benutzt diese Werkzeuge für seine Riesenformate. Hawkins' Arbeiten sind kleiner als die des deutschen Malerfürsten, sie kosten auch keine Millionen, aber stolze fünfstellige Beträge.

Hawkins-Gemälde zeigen Berge, einzelne Gipfel, ganze Höhenzüge, oftmals Seen, spiegelnde Wasseroberflächen. Der Himmel wird manchmal naturalistisch als Äther mit zarten Wolkenschleiern, mit Farbenspielen zwischen hellblau und weiß dargestellt, manchmal steht er in Flammen. Manche Details lassen sich leicht erkennen, andere entstehen erst im Auge des Betrachters. »Meine Bilder spiegeln mein Elementarerlebnis der Landschaft wider«, sagt James Hawkins. »Insofern ist alles, was ich male, immer und zu hundert Prozent ein Ausdruck dessen, was ich in Schottland sehe und erlebe.« Die neueren Werke sind teilweise fragmentiert auf kunstvoll geformten Carbonsplittern, jeder aufwändig bemalt.

Seine Inspirationen holt sich James Hawkins bei ausgedehnten Wanderungen durch die Highlands. Mit Frau und Hund durchstreift er die Berge und Hochtäler vor seiner Haustür, doch unternimmt er auch Ausflüge auf die Inseln, in die einsamen Buchten der schottischen West- und der Nordküste. Immer hat er Bleistifte und das Skizzenbuch sowie die digitale Kamera dabei. Zu Hause wird dann die Motivausbeute sortiert und säuberlich archiviert. »Manchmal greife ich Gesehenes sofort auf, manchmal dauert es Jahre, bis ich den richtigen Ausschnitt, den richtigen Blickwinkel, die richtigen Farben für die Umsetzung in ein Gemälde gefunden habe«, sagt Hawkins.

Sein neuester Zyklus ist nach einer Reise durch den Himalaya entstanden. Wochenlang waren seine Frau und er mit einem Führer zu Fuß unterwegs in Nepal, zum Teil auf über 5000 Metern über Meereshöhe. Am meisten beeindruckt hat ihn dort die Abgeklärtheit, die Gemütsruhe der Menschen, denen die Gruppe auf ihrer Wanderung begegnet ist und bei denen sie immer wieder Quartier fand. »Diese Stimmung muss aus der Landschaft herrühren, die dort alles dominiert, den Alltag, das Leben, die Ewigkeit.«

James Hawkins' Bilder aus dem höchsten Gebirge der Welt zeigen noch höhere Gipfel, noch dramatischere Felsgrate und -wände, noch vielschichtigere Reflexionen von Wolkenhimmeln auf der Oberfläche von Bergseen als die schottischen Motive. Sie sind in Farben gemalt, die auf den ersten Blick noch künstlicher, entrückter und damit abstrakter wirken. Bei genauerer Betrachtung ergänzen sie sich jedoch zu einem stimmigen Muster.

Der Himalaya-Zyklus soll in London gezeigt werden. »Auf meine alten Tage«, sagt James Hawkins lachend, »interessiere ich mich plötzlich wieder dafür, was die Kunstwelt dort sagen wird zu diesen Arbeiten eines Malers, der bisher vor allem für seine schottischen Motive, als Regionalist wahrgenommen wurde«.

Ullapool liegt am Loch Broom, einem tief ins Land reichenden Meeresarm. Hier starten und landen die Fähren zur Insel Lewis and Harris, der größten der Äußeren Hebriden, was schon lange Durchreisende in den Fischerort bringt. Auch heute sind die Bürgersteige voll mit bummelnden Touristen. In den Andenkenläden herrscht geschäftiges Treiben, weil manche Frau die verschiedenen Tartan-Muster der Kaschmir-Stolas mit der Farbe ihrer Garderobe vergleichen, weil mancher Mann ein Jackett aus echtem Harris-Tweed anprobieren will. Mit 225 Pfund sind die warmen, haltbaren Sakkos gar nicht so teuer.

Auch Ullapool zieht seinen Reiz als Touristenziel aus dem warmen Golfstromklima: In den aufgeräumten Vorgärten stehen große Pflanztöpfe mit Palmen, Bananenstauden und vor allem mit blühenden Fuchsien vor weißen Fassaden. Die zweistöckigen Häuserzeilen wirken damit wie hanseatische Kapitänswohnungen, wie skandinavische oder neuenglische Bürgerquartiere.

Die Cafés am Hafen sind alle überfüllt von Touristen, so weichen wir aus in die zweite Reihe des in barocken Rechtecken angelegten Straßengitters. Dort finden wir einen Schnellimbiss, der im Jahr 2017, so verrät die Werbetafel am Eingang des Gartengrundstücks, den »Food and Farming Award« der renommierten BBC in der Kategorie »Streetfood or Takeaway« gewonnen hat. Im selben Jahr, so erfahren wir später, hat die Garküche, gegründet von zwei jungen, hübschen Ullapoolerinnen, auch gleich zwei schottische »Food Awards« gewonnen. Das hat sich offenbar herumgesprochen: Auch vorm Tresen des »Seafood Shack« wartet eine Schlange, zum Glück nicht so lange wie in den Cafés am Hafen.

Das Konzept ist einfach: Fisch, Krustentiere und Muscheln aus lokalem Fang werden kombiniert mit frischen Gemüsen aus der Region und vor den Augen des Kunden zubereitet. Wer die Gerichte gleich vor Ort verzehren möchte, tut dies an einem der Stehtische vor dem Imbiss, die heute alle mit einer Sonnenblume dekoriert sind. Wir essen geräucherte Makrele mit einem Haferkeks und frischen Blattsalaten. Die werden nicht etwa mit einer fertigen Soße übergossen, sondern mit frischer Zitrone und Olivenöl angemacht.

Einen der vielen kurzen Schauer, die heute immer wieder niedergehen, überstehen wir unter dem Vordach der mit Holz vertäfelten Imbissbude zusammen mit einem halben Dutzend gut gelaunter junger Schotten. Gemeinsam mit ihnen bewundern wir auch den Regenbogen, der sich am Ende über die Straßen von Ullapool, über ihre weißen Häuser und ihre Besucher spannt.

Hinter Ullapool fahren wir durch dichten Wald. Das zeigt uns: Wir haben die Gneisregion aus dem Erdaltertum hinter uns gelassen. Die dicken Zedern, die hier im milden Seeklima über Jahrhunderte in die Höhe geschossen sind, erinnern an die Mammut-Bäume in den pazifischen Redwood Forests. Am südöstlichen Ende von Loch Broom biegen wir ab in Richtung der Halbinsel Wester Ross. Kurz nach der Abzweigung liegt rechts der Parkplatz, von dem aus ein Wanderpfad in die Corrieshalloch Gorge startet.

Die rund 60 Meter tiefe Schlucht wurde vor gut 10 000 Jahren von der jüngsten Eiszeit geformt – im Vergleich zu den Gneisformationen, die wir am Morgen hinter Kinlochbervie bewundern konnten, liegt ihre Entstehung also nur einen Wimpernschlag zurück. Dennoch beeindruckt der schmale, wie mit dem Skalpell präzis ausgeschnittene Spalt im Gestein, auf dessen Schichtungen Farne, Grasbüschel und kleine Büsche wachsen. Schon beim Abstieg vom Parkplatz war die Luft angefüllt mit feinem Wasserstaub: Am oberen Ende der Schlucht stürzt sich der Measach-Wasserfall 46 Meter in die Tiefe.

Von einer schwankenden Hängebrücke kann man bewundern, wie der dicke Strahl über den Felsgrat schießt und dann auf verschiedene Zwischenstufen donnert. Alles tost und braust und schäumt und schimmert in Regenbogenfarben. Dreihundert Meter weiter schwingt sich eine Aussichtsplattform über den Rand der Schlucht und bietet nochmal einen Blick in deren dunkle, feuchte Tiefen. Am Wegesrand leuchten viele Dutzend Fliegenpilze rot aus grünem Moos.

Hinter der Carrieshalloch Gorge führt die Straße wieder ans Meer. Das Wetter hat sich beruhigt, der Jaguar trägt uns schnurrend und elegant kurvend von Bucht zu Bucht. In der Abendsonne liegt die Gruinard Bay friedlich vor uns, die vom Regen blankgeputzte Luft rückt das große Kreuzfahrtschiff, das vorm Eingang zum Loch Broom und damit vor Ullapool ankert, ganz nah an uns heran und gibt den Blick frei auf die fernen, geradezu idyllischen Summer Isles. Das milde Abendlicht taucht die Landschaft in warme Farben, nur die feinen

Stratocirruswolken ganz hoch am Himmel verraten, dass wir morgen nicht unbedingt mit verlässlich gutem Wetter rechnen dürfen. Aber wann und wo dürfte man das schon in Schottland?

Unser heutiges Nachtquartier ist besonders gemütlich: Das Gairloch Hotel wirkt mit seinen 70 Zimmern, als sei es schon im 19. Jahrhundert erbaut. In der Lobby sorgt das Feuer eines offenen Kamins für heimeligen Duft, samtene Ohrensessel sind zu Gruppen zusammengeschoben. Im hohen Speisesaal geleiten uns Kellner zum Tisch und die Küche ist sehr viel besser, als man es in einem Hotel erwarten darf, das fast ausschließlich von Durchreisenden besucht wird. Zum Nachtisch gibt es Bratapfel mit Zimtstreuseln.

Unser Rückweg zum Zimmer führt durch die Grand Lobby. Auf deren kleiner Bühne sitzt jetzt ein älterer Alleinunterhalter im Schottenrock, der mit seinem Akkordeon und einer Rhythmusgruppe aus elektronischem Bass und Schlagzeug umzugehen weiß. Zehn bis zwölf Ehepaare »im besten Alter« lauschen andächtig an Zweiertischen, die Männer mit einem Glas Bier, die Frauen mit einem Sherry oder Portwein vor sich. Anfangs singt der Mann im Kilt Rührseliges wie *Will Ye Go, Lassie Go* doch dann schraubt er das Tempo seiner digitalen Helferlein hoch und macht mit Jacques Offenbachs *Can Can* Dampf. Das Publikum bleibt jedoch sitzen, klatscht am Ende artig.

6. Tagesetappe

Gairloch – Skye

Ein schottischer Garten Eden, köstliche Käse-Scones und das größte automobile Abenteuer unserer Reise

Wir werden wach, weil der Regen gegen die Scheiben trommelt. Klar, wir sind in Schottland! War nicht anders zu erwarten. Ein Blick aus dem Fenster liefert ein trübes Bild: Die dichte, dunkelgraue Wolkendecke hängt schätzungsweise auf Höhe der Dachrinnen. Eine steife Brise aus Westsüdwest treibt die Regentropfen an die Hotelfassade und peitscht die Wellen auf, die auf der gegenüberliegenden Straßenseite ans Ufer klatschen. Jetzt heißt es: Sich benehmen wie ein Schotte, humorvoll und souverän über den Dingen stehend! Aus den äußeren Gegebenheiten das Beste machen!

Der Jaguar springt trotz des schlechten Wetters zum Glück so brav an, als hätte er nicht eine Nacht in der Nässe verbracht und bringt uns, gemütlich gurgelnd, zum Inverewe Garden, der ein paar Meilen zurück an der NC 500 liegt. Als wir gestern Abend auf dem Weg von Ullapool nach Gairloch hier zum ersten Mal vorbeikamen, hatten die Angestellten längst Feierabend, war der Park geschlossen. Denn bei lokalen oder regionalen Arbeitgebern, so haben wir es schon am zweiten Tag in Dornoch gelernt, fängt die Arbeit spät an und hört auch früh wieder auf. Die meisten Schotten verbringen gern Zeit mit ihren Familien.

Angelegt wurde das gut 20 Hektar große Gelände, das im schottischen Superlativ-Stil »zu den nördlichsten Botanischen Gärten der Welt« zählt, in der zweiten Hälfte des 19. Jahrhunderts. Gründer Osgood MacKenzie, der als exzentrischer Landadeliger nach einer botanischen Herausforderung suchte, war überzeugt: Der warme Golfstrom und sein ambitioniertes gärtnerisches Geschick würden am Rand der Highlands Pflanzen gedeihen lassen, die sonst nur in mediterranen, subtropischen oder anderweitig gemäßigten Breiten wachsen. Auf einer neu erworbenen Latifundie seines Clans fand er für diese Aufgabe eine karge, nahezu unbewachsene Landzunge im Nordwestatlantik, deren gälischer Name übersetzt etwa »ein hoher Brocken« lautet.

Als Erstes ließ MacKenzie auf der windabgewandten Seite ein Geviert von hohen Mauern errichten als Schutz für Beete mit besonders empfindlichen Blüh- und Nutzpflanzen, ähnlich wie bei Queen Mums Castle of Mey. Auf dem Rest der Halbinsel pflanzte er hochwachsende Kiefern. Die robusten Nadelhölzer sollten ebenfalls Windschutz bieten und als Flachwurzler die tonnenweise angekarrte Muttererde festhalten. In diesen fruchtbaren Boden pflanzte MacKenzie zunächst etliche Rhododendron-Arten – aus Irland, Cornwall und anderen (damals) britischen Regionen, aber auch aus der Neuen Welt. Von diesen immergrünen Büschen war bekannt, dass sie im atlantischen Klima gut gedeihen und schattige Lagen, wie sie unter den breiten Kiefernkronen entstehen, nicht übel nehmen.

Danach entstand das Arboretum, eine Fläche mit verschiedensten Baumarten aus allen Kontinenten. Aus Australien kamen zum Beispiel Eukalyptusbäume nach Inverewe Garden, die Palmen stammen aus dem Mittelmeerraum. Schließlich pflanzte MacKenzie weitere blühende Büsche, Hecken und Stauden, die er nach Regionen sortierte, legte Teiche für Seerosen und andere Wasserpflanzen sowie ein raffiniertes Wegenetz an. Das führt die Besucher wie auf Lehrpfaden durch die Botanik der ganzen Welt. Gezielte Besuche bei besonders exotischen Pflanzen sind ebenso möglich wie ein mußevolles Umherschlendern, ein Spazieren durch die Flora Europas, Nordamerikas, Ozeaniens und über Afrika zurück. Jährlich werden 200 Tonnen Mulch und neue Muttererde angefahren und verteilt, um den anspruchsvollen Pflanzen genug Nährstoffe zu liefern.

Das Regenwetter hat dafür gesorgt, dass wir an diesem Morgen fast allein sind in Inverewe Garden. Bei unserer Ankunft hat der Dauerniederschlag zwar aufgehört, doch haben sich auf den Sandwegen große Pfützen gebildet, die herabhängenden Äste der feuchten Büsche und Hecken, die wir auf den schmalen Pfaden durchqueren, durchnässen unsere Hosenbeine. Der noch immer kräftige Wind raschelt im Röhricht der Bambuspflanzungen, zaust die Blätter der exotischen Hartlaubgewächse und braust in den Kiefernkronen über unseren Köpfen.

Außerdem schiebt er immer wieder Nebelbänke in die Bucht vor Inverewe Garden. Ein großes, weißes Kreuzfahrtschiff – ist es das selbe, das wir gestern vor den Sommerinseln gesehen haben? – taucht dort plötzlich auf aus dem Dunst – und verschwindet wieder. Wie der Fliegende Holländer, nur ohne Segel. Als sich der Nebel später vollständig lichtet, ist das Geisterschiff, der Sendbote des postmodernen Luxustourismus, endgültig weg.

Sobald der Wind nachlässt, treten andere Plagegeister auf, die für die schottische Westküste ähnlich typisch sind wie die Brise: Die Midgets, kleine, bösartige Stechmücken. Vor allem Christian, der beim Fotografieren der Pflanzendetails lange stillhalten muss, wird im Gesicht und an den Händen heimgesucht. Aber auch ich bekomme überall dort Bisse ab, wo meine Haut nicht von dichter Regenkleidung bedeckt ist.

Auf einer Lichtung im Kiefern- und Rhododendren-Wald wächst eine Kolonie von Riesenrhabarber. Der hier ist nicht spinatgrün wie das »Brontosaurierfutter«, das wir zu Beginn unserer Reise im Park von Dunrobin Castle an der Ostküste entdecken durften, sondern rot mit sattgrünen Blatt-Adern. Da sich das Regenwasser hier in den mittigen Trichtermulden der riesigen Blätter sammelt, wirken die Spiegelungen der Bäume und des nun wechselnden Himmels wie raffinierte Emaillemuster oder ähnlich künstlerische Gestaltungen.

Inverewe House, der ehemalige Wohnsitz von Osgoods Erbin, der letzten Lady MacKenzie, ist heute leider geschlossen. In ihrem Summer House, einem kleinen Pavillon direkt daneben, ist jedoch eine Art Wunderkammer für Kinder und alle anderen eingerichtet, die bereit sind, an Wunder zu glauben. Raffinierte Lichtschranken lösen das Geflöte von Kanarienvögeln und anderen, auf Tonträger gespeicherten Vogelstimmen aus, in aufgeschlagenen Bilderbüchern und Folianten kann man blättern, in Döschen und Kästchen gibt es immer wieder neues zu entdecken. Ein großer Strauß weißer und blauer Lilien vor dem Fenster verströmt einen betörenden Duft. Und auf der Wand der Wunderkammer finden wir eine Inschrift, die uns wie ein Leitspruch für unsere ganze Reise erscheint, wie ein Motto, das sich die nordschottischen Highlands selbst gegeben haben. Typografisch fein ausgearbeitet und zweisprachig in Englisch und Gälisch steht dort in blauen Lettern auf weißem Grund:

»Enter momentarily into a state of bliss.« – Zu deutsch: »Verfalle augenblicklich in einen Zustand tiefen Glücks!«

Der Rückweg zum Ausgang des Parks führt uns durch die von Mauern beschützten Gärten. Hier bauen die Gärtner – ähnlich wie jene in Queen Mums Castle of Mey – neben Rosen und anderen empfindlichen Blumen auch Nutzpflanzen an: Dahlien wachsen neben blauen Salatkartoffeln, Astern blühen neben verschiedenen Kohlsorten. An den Mauern sprießt Spalierobst, zwischen den Beeten stehen robustere Halbstämme von Kirsch- und Apfelbäumen. Von letzteren tragen die meisten am Tag unseres Besuchs noch Früchte und selbstverständlich dürfen auch hier die Besucher die verschiedenen Sorten verkosten.

Während wir noch die säuberlichen Inschriften vor jedem der etikettierten Gemüsebeete bewundern, tanzt ein Rotkehlchen um unsere Füße. Das Vöglein, das zwischendurch immer wieder niedlich zschilpt, ist so zahm, es fliegt nicht einmal auf, als sich andere Besucher zu Boden beugen, um es ganz aus der Nähe zu fotografieren.

Die Route der NC 500 führt uns wieder zurück nach Gairloch und weiter nach Süden. Da jedoch wieder ein Schauer niedergeht, entscheiden wir uns für ein Päuschen gleich in der nächsten Bucht. Die Gairloch Pantry gegenüber dem kleinen Yachthafen sieht ganz besonders einladend für einen späten Cappuccino aus. Die blonde Wirtin begrüßt uns mit einem strahlenden Lächeln. »Ein ganz wunderbarer Tag ist das heute!« wirft sie uns entgegen, als wir schnell die Eingangstür hinter uns schließen, um Sturm und Regen draußen zu lassen. – »Nun ja«, antworte ich überrascht, »das kann offenbar nur so sehen, wer heute noch nicht draußen war«. Doch habe ich meine Rechnung ohne die Schlagfertigkeit der Wirtin gemacht: »Wenn zwei solche Kerle wie ihr hier reinschneien, dann kann es sich nur um einen ganz wunderbaren Tag handeln!« sagt sie und schaltet beim Lächeln nochmal drei Stufen höher. »Und wenn ihr die frischen Käse-Scones probiert habt, die ich in anderthalb Minuten aus dem Ofen hole, dann werdet auch ihr diesen Tag als einen ausgesprochen wundervollen lobpreisen!«

Tatsächlich riecht der gesamte Empfangsraum der Gairloch Pantry köstlich nach frischen Scones und würzigem Käse. So können und wollen wir das Angebot der Wirtin nicht ausschlagen. Nach gut zehn Minuten, ein wenig müssen die Köstlichkeiten noch abkühlen, beißen wir in die besten Scones, die wir jemals gegessen haben: Außen eine knusprige Käsekruste, drinnen duftig und weich.

Die Viktoria-Wasserfälle, die wenige Kilometer weiter etwas oberhalb der Straße zu Tal donnern, sind nicht eingebettet in eine spektakuläre Schlucht wie die gestern in der Corrieshalloch Gorge und bei weitem nicht so hoch, so wasserreich wie die gleichnamigen in Südostafrika. Dennoch lohnt ein kurzer Spaziergang dorthin. Das glasklare Wasser läuft breitflächig über glatte, graue Steinflächen, bevor es sich dann in dickem Strahl über eine Felskante ergießt. Außerdem wachsen am Weg zentnerweise Brombeeren – die saftigsten, die wir bisher im Wald pflücken konnten.

In Shieldaig am Loch Torridon biegen wir dann ab zum größten automobilen Abenteuer, das die NC 500 zu bieten hat: die einspurige Küstenstraße über die Halbinsel von Applecross und der »Bealach na Bà«, der »Viehpass«, der über etliche Serpentinen und dramatische Gefällstrecken wieder zurück auf die Hauptroute führt. Für Wohnmobile oder gar für Pkw mit Wohnanhänger ist dieser Ausflug tabu: Zu steil sind die Anstiege – bis zu 20 Prozent – zu eng die Kehren, zu unübersichtlich der Straßenverlauf hinter den vielen Kuppen. Als uns aber nach wenigen Kilometern ein vierachsiger Lkw in einer Kurve entgegenschwankt, der eine schwere Straßenbaumaschine geladen hat, wissen wir in etwa, worauf wir uns eingelassen haben. Für unseren technisch versierten und leistungsstarken Jaguar ist die Strecke jedoch kein Problem.

Die erste Hälfte der Route ist vergleichsweise zivil. Zwar versperren immer wieder Büsche oder Bäume die Sicht auf den weiteren Straßenverlauf etwa hinter einer Kehre, zwar ist der Asphalt löchrig, rissig und am Rand stark ausgefranst, die Fahrspur recht schmal. Doch hält sich der Gegenverkehr in Grenzen und wir haben eine Regenlücke erwischt, sodass wir zumindest die geraden Streckenabschnitte gut übersehen.

Ihren Namen hat die Region Applecross – das gleichnamige Dörfchen an der gleichnamigen Bucht wurde erst im 19. Jahrhundert gegründet – durch eine Verballhornung oder Gallifizierung, Anglisierung des piktischen Namens Aporcrosan, deutsch: Einmündung des Flusses Crosan. Man weiß dies, weil der irische Mönch Maelrubha eine Chronik über seine Missionstätigkeiten führte, die ihn unter anderem im Jahr 671 nach Nordwest-Schottland brachte. Ein Jahr später gründete er ein Kloster auf der damals von Pikten bewohnten Halbinsel und wurde dessen erster Abt. Als Maelrubha fünfzig Jahre später im damals biblischen Alter von 80 Jahren starb, wurde er heiliggesprochen. Heute ist die Region Applecross ein Landschaftsschutzgebiet, betreut von einem regionalen Stiftungs-Trust.

Für ein paar Meilen verläuft die Straße parallel zur Küste. Links und rechts erstrecken sich Weiden, vereinzelt biegen Zufahrtswege ab zu Häusern, die größtenteils nicht dauerhaft bewohnt werden: Feriendomizile mit prächtigem Ausblick auf den Meeresarm des Inner Sound, dahinter die Hebrideninseln Rona und Raasay, dann der nördliche, gebirgige Teil der großen Insel Skye. Wir haben Glück, der Sturm, der uns heute Morgen noch im Inverewe Garden um die Ohren pfiff, hat sich gelegt. Dennoch sieht man: Dies ist kein Ort für Wald. Weit und breit wächst kein Baum. Die wenigen Exemplare, die wir später an der Applecross Bay entdecken, sind vom Wind gebeugt und zerzaust.

Die Kirche des Dörfchens Applecross (228 Einwohner) wurde errichtet auf den Grundmauern des alten Klosters, im Kirchhof sind steinerne Relikte aus der Zeit von Maelrubha und seinen Abt-Nachfolgern ausgestellt. Gleich dahinter biegt die einspurige Straße ab, die zum »Viehpass« hinaufführt. Die ersten Kilometer des Anstiegs sind abermals gesäumt von Weiden, hier grasen die ersten Hochlandrinder, die wir auf unserer Reise zu Gesicht bekommen. Die wuchtigen Tiere, deren Fell in Farbe und Zotteligkeit an das eines Orang Utans erinnert, sind gutmütig. Die üppigen Haarbüschel auf ihrem Kopf, aus denen die geschlechtsspezifisch geformten Hörner entspringen und die fast immer die Augen verdecken, sehen aus wie eine Steinzeit-Frisur und geben den freundlichen Tieren etwas Menschliches.

Auf halber Höhe hinauf zum Pass erreicht uns das nächste Regengebiet. Schlagartig wird es dunkel, wenig später fahren wir in den Wolken, den Scheibenwischer im Schnellgang auf Dauerbetrieb. Sichtweite: mal fünfzig, mal nur zehn Meter. Nun heißt es extrem aufpassen auf dem einspurigen Sträßchen. Besonders für den Fall, dass uns ein Auto oder gar nochmal ein Lkw ohne Licht wie zu Beginn des Ausflugs entgegenkommt. Im Cockpit faucht das Gebläse, um ein Beschlagen der Frontscheibe zu verhindern.

Kurve um Kurve schrauben wir uns weiter nach oben. Die Straße wird immer schlechter; müssen wir dem Gegenverkehr ausweichen, rumpeln wir durch tiefe Schlaglöcher. Nun spült der heftige Regen immer mehr Steine in die Fahrrinnen, die sich über die Jahre in dem stark befahrenen, brüchigen Asphalt gebildet haben. Das Gemisch aus Wasser und Geröll ist extrem rutschig. Dies fällt mir jedoch erst auf, als ich tatsächlich einmal notbremsen muss: Ein Lieferwagen kommt uns ziemlich schnell entgegen, macht keinerlei Anstalten auszuweichen. Zwar blockieren unsere Räder bei meiner Vollbremsung sofort, doch rutscht der Jaguar weiter in dem Stein-Wasser-Gemisch. In den 1970er-Jahren, als das Auto konstruiert wurde, gab es noch kein elektronisches Antiblockiersystem. Das Heck bricht aus. Erst als er dies sieht, steigt auch der Lieferwagenfahrer auf die Bremse und setzt seinerseits zu einem wilden Ausweichmanöver an. Die beiden Fahrzeuge schlingern aneinander vorbei, jeder zur Hälfte abseits der Fahrbahn, und zum Glück ohne einander zu berühren.

Je weiter wir uns der Passhöhe von 626 Metern nähern, desto dichter wird der Nebel, desto schlechter sind die gesamten Lichtverhältnisse. Von hier oben, so heißt es, hätte man normalerweise eine prachtvolle Aussicht über den Inner Sound, über die Insel Skye und die gesamte Applecross-Region. Doch daran ist heute nicht zu denken. Immer öfter rumpeln wir durch knöcheltiefe Schlaglöcher, immer stärker muss ich mich darauf konzentrieren, die Kurven und Kehren rechtzeitig zu erkennen, um nicht etwa an eine Felswand zu knallen, die gleich hinter der Fahrbahn aufragt. Wir fahren kaum mehr als Schritttempo. Folglich zieht sich der Aufstieg in die Länge.

Als auf einer Geraden ein Pkw mit hoher Geschwindigkeit entgegenkommt, weiche ich in der Passing Zone prompt auf die falsche Seite aus. Die Ausbuchtung im Asphalt, die aus dem einspurigen Sträßchen kurz ein zweispuriges macht, war aus meiner Sicht rechts. Ich hätte –Linksverkehr! – einfach stehenbleiben, den Entgegenkommenden ausweichen lassen müssen. Der hat zum Glück meinen Ausländerfehler rechtzeitig erkannt und nimmt seinerseits die Geradeausspur.

Die Passhöhe wird markiert durch ein Hinweisschild direkt neben der Fahrbahn. Der Abstieg auf der zum Landesinnern gelegenen Seite des Viehpasses führt über eine Steilwand, die fast die gesamten 600 Meter Höhenunterschied überbrückt. Schottischer Superlativ: Die höchste Steigungs- oder Gefällstrecke im Vereinigten Königreich.

Eine Haarnadelkurve folgt auf die nächste, dazwischen geht das einspurige Sträßlein steil bergab. Um das gefürchtete Fading, also ein Versagen der Bremsen zu vermeiden, muss ich mit Motorbremse fahren und dazu die Getriebe-Automatik im ersten Gang blockieren. Nun jault der 12-Zylinder ohne Gas in hohen Drehzahlbereichen, dennoch muss ich mit dem Fuß auf dem Bremspedal bleiben, so stark schiebt die Schwerkraft unser stark beladenes Coupé bergab. Zudem wird das Manövrieren vor allem in den Serpentinen erschwert, weil uns nun eine Gruppe von Rennradfahrern entgegenkommt. Bei britischen Rennradlern gilt der Viehpass als das ultimative Ausdauertraining, quasi als schottische Antwort auf die Alpe d'Huez oder den Mont Ventoux bei der Tour de France. Doch sind die armen Amateursportler, die uns hier im niedrigsten Gang und unter strömendem Regen gequält entgegenstrampeln, schon völlig ausgelaugt, am Ende ihrer Kräfte. Sie können sich kaum im Sattel halten, manche taumeln über die gesamte Fahrbahnbreite. Da hilft nur geduldiges Anhalten unsererseits.

Als wir am Ende der Passstraße im Dorf Tornapress ankommen, sind wir erleichtert, dieses Husarenstück unbeschadet überstanden zu haben.

Auf ihrem Weg nach Süden mündet die NC 500 in die gut ausgebaute Fernstraße A 87. Wenige Meilen westlich liegt Eilean Donan Castle, die weltweit wahrscheinlich bekannteste »alte Ritterburg« der schottischen Highlands: Das Gemäuer auf einem Inselchen in einem abgeschiedenen Meeresarm bot die Kulissen für *Highlander*, den wohl berühmtesten Schottland-Film der vergangenen 50 Jahre, und für die James-Bond-Folge *Die Welt ist nicht genug* mit Pierce Brosnan als Geheimagent 007. Mit seiner Lage als »Wasserschloss«, verbunden mit dem Festland durch ein schmales Brücklein, ist Eilean Donan Castle ein idyllisches Postkarten-Motiv.

Trotz des schlechten Wetters ist der Parkplatz vor dem Eingang gut gefüllt mit Touristenautos. Wir rüsten uns für einen ausgiebigen Burg-Besuch, doch nehmen wir sofort und leichten Herzens davon Abstand, als wir lesen, womit wir es hier in Wahrheit zu tun haben: Das Eilean Donan Castle, das wir heute sehen, ist nicht etwa eine Rekonstruktion der historischen Anlagen, die einst auf der Insel standen als Stammsitz der Clans MacKenzie und MacRae. Diese wurden im Jahr 1719 von britischen Truppen komplett zerstört, als sie die Jakobiten-Aufstände jenes Jahres niederschlugen. Erst knapp 200 Jahre später hat ein Nachfahre der MacRaes einen Neubau am selben Platz errichtet, der jedoch mit den Originalgemäuern nichts zu tun hat. Vielmehr handelt es sich um eine »romantische Wiedergeburt in der Tradition des Schloss-Revivals«, das Anfang des 20. Jahrhunderts in Großbritannien herrschte, wie ein britischer Architektur-Kritiker bemerkte.

Die Inneneinrichtung ist ebenfalls nicht historisch, sondern »ein wild zusammengestückeltes Bühnenbild, mit dem man im edwardianischen Zeitalter das Mittelalter inszenieren wollte«, so ein anderer Kritiker. Da man im Innern von Eilean Donan Castle grundsätzlich nicht fotografieren darf, beschränken wir uns auf die Außenaufnahme des Wasserschlosses im Profil, das heute tatsächlich wie das Motiv einer schottischen Nobelpostkarte wirkt, und aufs Erwähnen der Gründe, warum wir auf einen Besuch gern verzichtet haben.

Nach dieser Enttäuschung beraten wir unser weiteres Vorgehen: Die NC 500 führt von hier aus nach Osten, um dann am Westufer des Loch Ness wieder nach Norden, zu ihrem Ausgangspunkt am Schloss von Inverness zurückzukehren. Diese Strecke wäre schnell, unkompliziert – und vergleichsweise unspektakulär, unattraktiv.

Was aber, wenn wir den nordschottischen Leitgedanken »Highlands and Islands« umsetzen und nun, nach gut 400 Meilen auf dem britischen »Festland«, endlich auch mal auf eine Insel fahren? Wir beschließen, ganz im Sinn des schottischen Laissez-Faire, einen Abstecher auf die Insel Skye, die größte der Inneren Hebriden, und damit eine Verlängerung unserer Reise.

Zur Umsetzung unserer Entscheidung müssen wir nur der A 87 nach Westen folgen. In Kyle of Lochalsh überquert diese dann den letzten Ausläufer des Inner Sound auf einer kühn geschwungenen Stahlbetonbrücke, die den Touristen- und Güterverkehr auf die Insel und von dort zurück bündelt.

In Armadale an der Südküste von Skye finden wir Quartier bei einem Ehepaar, das ihre geschmackvoll eingerichteten Gästezimmer über Airbnb vermietet, und speisen abermals vorzüglich in einem Landgasthof, der den hiesigen Meeresarm überblickt. Wieder hat der Regen aufgehört, die Wolken haben sich komplett zurückgezogen, so genießen wir in dieser Nacht den blankgeputzten schottischen Sternenhimmel uneingeschränkt. Majestätisch zieht sich das Band der Milchstraße übers Firmament, kein Lichtsmog trübt das Funkeln, Strahlen und Leuchten von Sirius und dem Polarstern, von Venus, Mars und Jupiter.

7. Tagesetappe

Skye – Fort William

Britische Alpinisten, die Wiederbelebung des Gälischen und eine schwimmende Kneipe

»Die Hebriden«, so schreibt Reiseschriftsteller Heinz Ohff in seiner *Gebrauchsanweisung für Schottland* nicht ohne Ironie, wirkten »lieblicher, wenn man zuvor auf den Shetland Inseln gewesen ist, aber auch nur dann«. Der letztgenannte Archipel, seit 1469 zu Schottland gehörig, liegt jedoch weit im Norden zwischen dem 59. und 61. Breitengrad mitten im stürmischen Atlantik. Auf Skye, rund 450 Kilometer südwestlich der Shetlands gelegen, lasse »der Wind, der unablässig weht«, die Bewohner »auf dem Land leicht gebückt gehen«, schreibt Ohff, und weiter: »Was Mitteleuropa noch als gefürchtetes ›atlantisches Tief aus Schottland‹ erreicht, nimmt hier seinen Ausgangspunkt mit sintflutartigen Regenfällen.«

Im Hinblick auf die Witterung sind wir daher auf alles gefasst, als wir uns auf die größte der rund 500 Hebrideninseln aufmachen, von denen nur rund 65 bewohnt sind. Zum Glück lautet eine freundliche Lebensweisheit der Hebrider: »If you don't like the weather, just wait a minute!« – »Wenn Ihnen das Wetter nicht passt, warten Sie einfach eine Minute.« Regen und Sturm, Sonne und Wind, gegebenenfalls auch Gewitter und Hagel wechseln sich hier ständig ab.

Der Name »Skye« hat nichts mit der altenglischen Schreibweise eines hohen Himmels zu tun, wie wir ihn in Schottland schon oft erleben durften. Auf Gälisch heißt Skye »die gefächerte« oder auch »die geflügelte« Insel: etliche Halbinseln ragen hinaus in den Atlantik, zahllose Buchten stülpen sich bis tief ins Land hinein. Bei den Wikingern, die hier zwischen dem neunten und dem 13. Jahrhundert herrschten, bedeutete »Skuyö« die »Wolken-« oder die »Nebelinsel«.

Das ist schon nah dran am Bild jenes Thule, das der römische Historiker Tacitus bei seiner Beschreibung einer antiken Umsegelung der britischen Hauptinsel als fernste Entdeckung jenseits derselben nennt, als Rand der bekannten Welt. Dahinter nur noch Nebel, Leere, Ungewissheit. Am Neujahrestag 2019 erforschte die NASA-Raumsonde *New Horizons* bei ihrem Vorbeiflug ein rund 6,5 Milliarden Kilometer entferntes Objekt am Rand unseres Sonnensystems, das die Astronomen *Ultima Thule* genannt haben und über dessen Beschaffenheit und Form sich von der Erde aus keine Aussagen treffen lassen. Auch dieser Name bezieht sich auf den Thule-Mythos.

In seinem *Faust*-Drama hat Johann Wolfgang Goethe dieses Bild, diese Legende weitergesponnen, indem er Gretchen die traurige Ballade vom *König in Thule* singen lässt: Diesem Herrscher war die Geliebte vor der Zeit gestorben, hatte ihm aber einen Becher als Symbol des Lebens hinterlassen. Daraus trinkt der König täglich und erinnert sich dabei an seine große Liebe; unmittelbar vor seinem Tod vernichtet er jedoch dieses Symbol für Lebenskraft, indem er es ins Meer schleudert.

Unser Insel-Ausflug führt uns also zu einem durch und durch mythischen Ort, vergleichbar mit Avalon oder Atlantis. An diesem schottischen Thule kann uns alles erwarten: Melancholie und dunkle Erinnerungen, Nebel und das Gefühl, am Ende unseres Lebens- und Erkenntnisraumes angelangt zu sein. Aber auch Gegenteiliges, wie es Theodor Fontane in seiner famosen Reisereportage *Jenseits des Tweed* für möglich hält: »Hätten diese prächtigen Küsten« der Hebriden und anderer Inseln im Westen der Highlands »ein milderes Klima oder wenigstens einen etwas längeren Sommer, binnen kurzem würde hier ein neues, reiches Leben aufblühen (…).«

Auf Skye besuchen wir zunächst das Armadale Castle am südlichen Ende der Sleat-Halbinsel, Stammsitz des MacDonald-Clans, der für viele Generationen den Titel »Lord of the Isles« tragen durfte. Diese Herrscher waren schon zu Wikinger-Zeiten die mächtigsten Männer in Schottlands Nordwesten, anfangs nur dem norwegischen, später nur dem schottischen König Tribut schuldig. Seit der Vereinigung von dessen Reich mit dem englischen im frühen 18. Jahrhundert geht dieser Rang, der im Übrigen auch Vorbild war für den Titel von J.R.R. Tolkiens Fantasy-Romantrilogie *Lord of the Rings*, automatisch an den britischen Thronfolger, den Prince of Wales. Als solcher ist heute Prinz Charles »Lord of the Isles«.

Ab 1790 ließen die MacDonalds ein prunkvolles Schloss an der verhältnismäßig windgeschützten Südküste von Skye errichten. In mehreren Bauphasen entstand ein mehrflügeliges Gebäude. Im Jahr 1925 mussten die MacDonalds Schloss Armadale jedoch aufgeben, sie konnten sich den Unterhalt des viel zu großen Prachtbaus nicht mehr leisten. Seither verfällt das Herrenhaus, nur der kleinste Teil aus dem Spätbarock ist noch nutzbar, wird für Hochzeitsfeiern vermietet. Der Rest wirkt mit seiner dunkelgrauen Fassade wie die Kulisse für einen Gruselfilm: Der Wind streicht durch leere Fensteröffnungen, Krähen umkreisen die historisierenden Zinnenzähne der viereckigen Türme.

Nur der große Park, heute vom National Trust for Scotland unterhalten und gepflegt, gibt noch einen Eindruck vom ehemaligen Reichtum und von der Kultiviertheit des Herrschergeschlechts, das hier für viele Generationen gewohnt hat. In diesem weitläufigen Garten fallen vor allem die kerzengeraden Sitka-Fichten auf, die normalerweise in pazifischen Wäldern wachsen. Am Rand einer Wiese liegt noch der entastete Stamm von »Big Bertha«, die ein Wintersturm des Jahres 2015 gefällt hat. Der Setzling war zu Napoleons Zeiten im Jahr 1800 gepflanzt worden; die hochgewachsene Baum-Dame war zum Zeitpunkt ihres witterungsbedingten Endes folglich 215 Jahre alt.

Von der Landstraße A 851, die an der Südküste der Sleat-Halbinsel entlangführt, nehmen wir die Loop Road, die uns in einer Schleife zur Nordküste und zurück bringt. Es ist ein ähnliches automobiles Abenteuer wie gestern in Applecross, nur haben wir heute bessere Lichtverhältnisse und es regnet nicht so heftig. Außerdem ist die Strecke deutlich kürzer. Wie gestern befahren wir auch diesmal ein einspuriges Sträßchen mit tiefen Fahrrinnen im schrundigen, mürben und oftmals geflickten Asphalt, wieder gibt es Steigungen bis zu 20 Prozent. Und wieder begegnen wir rasenden Lkw. Diesmal ist es ein Dreiachser mit einem riesigen runden Wassertank. Er fährt so dicht auf, dass ich ihn gern in der nächsten Passing Zone überholen lasse.

Ähnlich wie gestern in Applecross werden auch auf der Halbinsel Sleat die meisten Gehöfte nicht mehr landwirtschaftlich genutzt. Es sind teuer renovierte Ferienhäuser, oft mit einem aufwändig angelegten Garten. Wegen der warmen Golfstrom-Ausläufer, die an der schottischen Westküste entlangstreichen, gedeihen auch hier, ähnlich wie in Inverewe, anspruchsvolle Stauden. Derzeit blühen überall Dahlien und Astern. Getrennt werden die Anwesen von üppigen Weiden, auf denen hier vor allem Schafe grasen. Die Woll-, Fleisch- und Milchspender sind ähnlich robust und unempfindlich gegen die raue Witterung wie die Hochlandrinder drüben bei Applecross.

Kurz vor der Rückkehr der Loop Road auf die Landstraße A 851 bei Armadale liegen linkerhand Seminargebäude des Gaelic College mit dem für Kontinentaleuropäer nahezu unaussprechlichen, kaum flüssig lesbaren Namen Sabhal

Mòr Ostaig. Die Hochschule, deren Ursprünge ins Jahr 1973 zurückreichen, ist einer von 13 Standorten der erst im Jahr 2011 gegründeten nordschottischen University of the Highlands and Islands – und wohl einer der wenigen, wenn nicht gar der einzige Campus der Welt, auf dem ausschließlich gälisch unterrichtet wird. Was sich landessprachlich korrekt »Gaidligh« schreibt und – anders als in Irland – nicht »ga-e-lic« sondern »galic« ausspricht.

In Sabhal Mòr Ostaig kann man heute unter anderem seinen Abschluss in Gälischer Sprache und Kultur machen, in Gälischer und Traditioneller Musik, in Gälischen Medien und in Gälischer Volkskunde (»Material Culture and Gàidhealtachd History«). Insgesamt besuchen jährlich rund 1000 Menschen die Hochschulkurse, die zum Teil jedoch nur wenige Tage dauern; etwa 100 Studierende sind in die Vollzeit-Studiengänge eingeschrieben. In diesem Zuschnitt und mit dieser Ausrichtung, denken wir, kann das College so etwas wie ein Zentrum für eine autonome gälische Highland-Kultur werden, vielleicht sogar ein Motor für ein neues schottisches Selbstbewusstsein – und schauen uns das Sabhal Mòr Ostaig näher an.

Der Standort auf Skye wurde gewählt, weil die gälische Sprache und Kultur in den umliegenden Dörfern angeblich noch zum Alltag gehört. Wir haben jedoch außerhalb der öffentlich-rechtlichen Radio- und TV-Sender niemand gälisch sprechen hören. In ganz Schottland beherrschen angeblich noch knapp 60 000 Menschen Gälisch, gut 90 000 können die Sprache verstehen.

Medial vermittelt klingt Gälisch exotisch. Die Sprache hat, anders als das Englische, nicht nur unser »ä« als Umlaut, sondern auch etwas Ähnliches wie »ö« und »ü«; vielleicht auch noch etwas dazwischen. Der Vokalsound erinnert folglich an skandinavische Sprachen. Daneben fallen die vielen Knacklaute auf und das fauchende »ch«, etwa bei »Loch«, »See«, das so kehlig ausgesprochen wird wie im Schwyzerdütschen.

Insgesamt ist der Wortanteil des gälischen *Radio nan Gàidheal* hoch. Jedes Programmelement wird ausführlich an- und abmoderiert, die Sätze klingen melodisch und gut miteinander verbunden. Die Sprecher lassen die Worte offenbar gern bruch- und pausenlos fließen. Leider gewinnt man auch nach geduldigen Versuchen kein Gespür, worum es in den Wortbeiträgen inhaltlich gehen könnte. Nur bei den Nachrichtensendungen erhält man winzige Einblicke, weil etwa englische Namen und Zitate wie in der Originalsprache ausgesprochen werden.

Daneben sendet das gälische Radioprogramm viel traditionelle Musik – von schottischen Heimatliedern bis zu traditionellen Jigs, Reels und anderen Tanzstücken, von Bearbeitungen bekannter Melodien für Dudelsack über

Liebeslieder und andere aktuelle Pop-Themen bis zu traurigen Balladen. Die gälisch gesungenen Texte bleiben für kontinentaleuropäische Ohren ähnlich unverständlich wie bei irischen, bretonischen oder anderen keltischen Volksweisen.

Das alte Seminargebäude von Sabhal Mòr Ostaig, ein großteils zweistöckiger, schiefergedeckter, quadratischer Bau oberhalb der Landstraße A 851, wirkt mit seinen Außentreppen, Toreinfahrten und Türmchen wie ein umgebauter Gutshof oder ein ehemaliges Kloster. Im windgeschützten Innenhof wachsen Kirschbäume und Yuccapalmen. Alle Schilder, Inschriften und Hinweise sind in Gälisch, als ungebildeter Besucher findet man sich nicht zurecht.

Der Großteil des Campus', die weiß verputzten Neubauten, liegt jedoch südlich der Landstraße, oberhalb des Meerufers. Trotz der vorlesungsfreien Zeit ist jetzt, im September, der weitläufige Parkplatz voll belegt; offenbar kommen viele Studierenden mit dem Auto.

Die Bibliothek ist, entsprechend dem besetzten Parkplatz, gut besucht; vom Erdgeschoss der mehrgeschossigen Eingangshalle und Lobby kann man auf eine Terrasse heraustreten, die sich in ein kleines, halbrundes Amphitheater fortsetzt. Dessen Bühne über dem Meer lässt sofort an sommerabendliche Theateraufführungen denken, etwa von Shakespeare'schen Lustspielen, an Folk-Konzerte, Standup-Improvisationen und ähnlich wortreiche, gälisch eingefärbte Kleinkunst-Kabinettstückchen, gespielt vor einer typisch schottischen Kulisse aus Wasser und Berggipfeln, grünen Hängen und einem stets wechselnden Himmel.

Auf den Sideboards der Seminarräume stehen Kaffeemaschinen und Samowars für Teewasser. Meistens liegen auch eine Gitarre oder andere Musikinstrumente herum – die traditionelle schottische Musik spielt offenbar in allen Lehrveranstaltungen der gälischen Hochschule eine große Rolle.

Am Ostende des Campus' sind 84 Studentenapartments in einem dicken, runden Turm untergebracht. Der erinnert an die Proportionen eines vorzeitlichen Brochs, doch ist er mit sechs Stockwerken viel höher. Am Westende steht ein großes, spitzwinkeliges Seminargebäude mit überdachter Freiterrasse. Hier hat unter anderem auch der Kindergarten der Hochschule seine Räume. Selbstverständlich wird auch hier mit den Schützlingen nur Gälisch gesprochen.

Wir wollen mehr von der großen Insel Skye erleben als nur ihre idyllische Südküste. Also fahren wir in Richtung des wilderen, raueren Nordens. Schon auf

dem Weg, als wir oberhalb des Meeresarmes Loch Ainort anhalten, um die imposanten Wasserfälle an einer breiten Steilwand zu fotografieren, hat die Brise so aufgefrischt, dass sie mir die Schirmmütze vom Kopf bläst.

Eine Bucht weiter nördlich dient die alte, aus Bruchsteinen gemauerte Straßenbrücke bei Sligachan heute nur noch als Fotomotiv, die breit ausgebaute Landstraße A 87 führt ein paar Meter weiter über den Fluss. Man hat hier einen prachtvollen Blick nach Westen, übers Tal und Moor (»Glen«) von Sligachan bis zu den mächtigen Cuillin-Gipfeln. Die ragen fast tausend Meter hoch in den schottischen Himmel, der heute besonders schnell wechselt zwischen einem trügerisch hellen Blau, das in Wahrheit ein Sturmtief ankündigt, und mehr oder weniger dunkelgrauen Wolken, die kurze, heftige Regengüsse bringen.

Die Cuillin-Bergstöcke – links die Black Cuillins, rechts die Red Cuillins, getrennt durch den Flusslauf, der zu unseren Füßen seiner nahen Mündung entgegenströmt – sind so steil gezackt wie Dolomitengipfel. Und ähnlich eindrucksvoll: Schließlich schießen sie quasi vom Meeresspiegel in die Höhe, überwinden bis zu ihren Spitzen eine viel größere Distanz als etwa die Drei Zinnen bei Cortina d'Ampezzo. »Kein schottisches Bergmassiv ist alpiner als die Cuillins«, lautet der dazu passende Superlativ der regionalen Tourismus-Werbung.

Tatsächlich hat der britische Alpinismus hier, auf der entlegenen Hebrideninsel Skye, seinen Ursprung. Unter Anleitung von einheimischen Schafhirten und Kleinbauern bezwangen in den 1860er-Jahren abenteuerlustige Adelige aus London und Südengland die zuvor schier unüberwindlichen Felswände und -grate, um sich oben, auf den windumtosten Gipfeln, ein Pfeifchen anzuzünden, einen Fingerhut Single Malt aus dem mitgebrachten Flachmann zu gönnen. Als Ausrüstung hatten sie nur mehr oder weniger mürbe Hanfseile, Jacketts und Knickerbockerhosen aus Tweed, genagelte Schnürstiefel und eine Art Trenker-Filzhut auf dem Kopf. Noch heute sind die Cuillins eine ebenso beliebte wie anspruchsvolle Adresse für alpine Kletterer aus aller Welt.

Für uns ist das Wetter jedoch zu schlecht für ähnliche Anläufe. Der Wind weht immer stärker, bei unserem kurzen Versuch, uns den fernen Bergen zu Fuß zu nähern, stapfen wir fast so gekrümmt und geduckt gegen den aufkommenden Sturm an, wie es Heinz Ohff zu Anfang dieses Kapitels den Einwohnern von Skye ironisch zugeschrieben hat. Offenbar ist es auch den von Naturschützern behüteten Steinadlerpaaren, die in den Felsklüften der Cuillins nisten und brüten, heute zu windig. Im Himmel über der Moorebene vor den Gebirgsstöcken, in denen angeblich 16 erwachsene Golden Eagles jagen, entdecken wir keinen einzigen dieser großen, stolzen Wappenvögel.

Leider hat auch die Craft-Brewery heute geschlossen, die in einem Nebengebäude des Sligachan-Hotels unten an der Landstraße Bier-Spezialitäten anbietet. Wir hätten uns gerne eine Auswahl von Stout und Pale Ale, von Porter oder Rauchbier mitgenommen.

Für den Rückweg müssen wir umdisponieren. Die große Autofähre, die den Sound of Sleat von Armadale aus in Richtung Festland überwindet, hat heute wegen des Sturms ihren Betrieb eingestellt. Da wir nicht die gleiche Route über die Straßenbrücke bei Kyle of Lochalsh und übers Eilean Donan Castle nehmen wollen, die wir gekommen sind, verlassen wir die Insel Skye über die kurze Fährverbindung, die den Sleat-Sund weiter oben, in geschützter Umgebung quert.

Schon die Fahrt dorthin über ein wieder mal einspuriges Sträßchen ist spektakulär. Heideflächen wechseln ab mit Birken- und Buchenwäldchen, deren Laub sich hier, im rauen Klima, schon jetzt im September leicht herbstlich verfärbt. Andere Ausblicke erinnern an die obersten Lagen des Schwarzwaldes – mit kahlen, teilweise grünen Gipfelkuppen und vereinzelten Nadelbaumgruppen. Nur dass auf den Weiden hier kein Braunvieh grast, sondern Hochlandrinder mit ihrem zottelig braunen Orang-Utan-Fell.

Wir schlängeln uns durch enge Täler und überqueren Bergrücken und Grate, die sich als »Blind Summits« erweisen: Bis zum Scheitelpunkt sieht der Fahrer nicht, wohin die Straße dahinter führen wird – ein Unsicherheitsfaktor, auf den die Konstrukteure von Rennstrecken in aller Welt gern zurückgreifen, um die Dramatik ihrer Kurse zu erhöhen. Bei der Möglichkeit von Gegenverkehr sind die Blind Summits allerdings äußerst ernstzunehmende Gefahrenstellen.

Wir haben Glück, bleiben allein auf der Straße – was darauf schließen lässt, dass die Fähre an einem stürmischen Tag wie heute auch nicht allzu häufig hin- und herpendelt. Am Ende bringt uns die Single-Lane-Road wieder über abenteuerliche Haarnadelkurven hinunter auf Meereshöhe. An drei weiß gestrichenen Häusern, dem gesamten Gebäudebestand der Siedlung Kylerhea, warten wir auf das Übersetzen des Schiffleins vom gegenüberliegenden Ufer. Ein freundliches Hinweisschild empfiehlt, nach Seehunden Ausschau zu halten, nach Ottern, Fischreihern und nach einem Seeadler, der in der Nähe nistet. »Wir leben hier eng mit der Natur«, sagt später der Fährmann.

Die *Glenachulish*, so heißt sein Boot, ist eine dieselgetriebene Nussschale. Nur vier Pkw passen auf ihr Autodeck, das zum Be- und Entladen von Hand auf einer kreisförmigen Lagerscheibe gedreht wird. So kann das Schiff bequem längsseits gehen an den Anlegern, die rechtwinklig aufs Wasser zuführen, dennoch fahren die Autos geradeaus an und von Bord. »Die letzte handbetriebene Drehscheibenfähre in Schottland« wirbt die Website im schottischen Superlativ.

An Bord geht es noch enger zu, als es von außen den Anschein hatte. Wir können nicht aussteigen, nicht mal die Tür des Jaguars öffnen, so nah mussten wir an die Reling fahren. Der Ticketverkäufer turnt während der Überfahrt außerhalb des Geländers an der Bordwand entlang, um uns durchs geöffnete Seitenfenster die Fahrkarte und das Wechselgeld zu reichen. Dennoch ist der kurze Trip über die weißbemützten, tanzenden Wogen des Sleat-Sunds ein Riesen-Spaß.

Das einspurige Sträßlein, das vom anderen Ufer ins Landesinnere führt, ist noch dramatischer als sein Anschluss auf der Insel. Abermals sind Steigungen und Gefällstrecken von 20 Prozent zu bewältigen, abermals lassen sich die Kurven kaum einsehen, weil Büsche und Hecken ins Blickfeld wachsen, abermals knirschen Kies und Krümel des brüchig gewordenen Asphalts unter den Reifen des Jaguars. Beim Meeresarm Loch Duich erreichen wir wieder die A 87, die Hauptverkehrsachse von und nach Skye, und nah dem Dorf Invergarry biegen wir ab in Richtung Fort William. Von dort aus, so haben wir beschlossen, wollen wir morgen den gesamten Great Glen abfahren. Also jene tektonische Verwerfung, die Schottland diagonal durchteilt und die fast schnurgerade Südostseite der NC 500 bildet, zum Anfangspunkt in Inverness zurückführt.

Am Westufer des Loch Lochy, dem südlichsten Teil der schmalen Seenkette im Innern des Great Glen, liegt Achnacarry House. Das heutige Schloss, 1802 im schottischen Baronialstil erbaut, steht hinter efeubewachsenen Mauern und ist nicht zu besichtigen, da dort Donald Cameron of Lochiel, das aktuelle Oberhaupt des traditionsreichen Cameron Clans, noch heute mit seiner Familie wohnt.

Die Camerons gehören zu Schottlands wichtigsten Adelsgeschlechtern, im 17. und 18. Jahrhundert waren sie eine treibende Kraft der Jakobiten-Aufstände. Als Bonnie Prince Charlie Stuart, der junge Thron-Anwärter aus dem vertriebenen schottischen Königshaus, nach seinem fehlgeschlagenen Feldzug des Jahres 1745 und nach seiner katastrophalen Niederlage im Culloden-Moor im April 1746 in Richtung der Hebriden floh, haben ihn die Camerons ein paar Tage lang in Achnacarry House versteckt, damals eine alte Burg. Als Charlies Widersacher und Verfolger, der englische Herzog von Cumberland, dies zu spät herausfand, ließ er den Stammsitz der Camerons zur Strafe sofort niederbrennen, die Familie vertreiben. Heute sind von der Ruine nur noch Reste des Hauptturms, ein halb verfallenes Gewölbe und einige Mauerreste übrig.

In den ehemaligen Stallungen gleich am Eingang zum Gelände ist ein Museum zur langen Geschichte der Camerons und zu den Highlander-Regimentern untergebracht, die seit den Napoleonischen Kriegen von allen Gegnern gefürchtet wurden wegen ihrer Tapferkeit und Kampfstärke. Vor dem Haus erinnert ein Geschütz aus dem Zweiten Weltkrieg an die Barackensiedlung und das Trainingslager, in denen hier zwischen 1942 und 1945 britische und amerikanische, zum Teil auch Truppen aus dem französischen, belgischen und tschechischen Widerstand militärisch ausgebildet wurden – unter Einsatz echter Munition und verbunden mit entsprechenden Verlusten. Offenbar sind Highlander gegenüber ihren Rekruten so unerbittlich wie gegenüber ihren Feinden.

Im *Eagle Barge Inn* geht es zum Glück heiterer zu. Die schwimmende Kneipe, eingerichtet im Laderaum eines ehemals niederländischen Binnenschiffs, hat an den Laggan Locks des Caledonian Canals festgemacht, jener Binnen-Wasserstraße, die dem Great Glen folgt und so den Nordwestatlantik mit der Nordsee verbindet. Bei schönem Wetter stehen Tische und Bänke auf dem Oberdeck der Eagle Barge; heute, an einem stürmischen Tag, sind wir froh, dass wir drinnen, im gemütlichen Schiffsbauch, ein gut geheiztes Plätzchen in einem der bequemen Sessel zwischen Kamin und Bar finden. William und Victoria Linstry bewirten hier vor allem Zweiradtouristen, die zwischen Fort William und Inverness den ebenen Great Glen Way befahren. Heute sind zum Beispiel einige Australier zu Gast. Sie haben dem Single Malt schon deutlich zugesprochen und freuen sich nun aufs Abendessen, das Will und Vic immer frisch zubereiten. In Schottland gehe es recht munter zu, sagt Thomas aus Brisbane. Er ist, wie er berichtet, im Frühsommer in Rente gegangen und bereist nun zusammen mit seiner Ehefrau das Land seiner Vorfahren. Nur das Wetter sei furchtbar: Kalt, verregnet, stürmisch. Nicht auszuhalten! Er sehnt sich schon jetzt nach seiner subtropischen Heimat »down under«.

Ein Schild am Tresen bietet die Leihgabe von Musikinstrumenten an: Gitarren, ein Banjo, ein Cajon, Flöten, eine Maultrommel. Vielleicht sei sogar das Akkordeon noch in Schuss. Leider macht niemand von dem Angebot Gebrauch. Die Eagle Barge bleibt heute Abend musikfrei.

8. Tagesetappe

Fort William – Inverness

Der Kreis schließt sich: Der Jäger des verschwundenen Monsters, die Gespenster von Phoineas House und ein Treffpunkt für alle, die nach der Freiheit suchen, wie man sie am besten in Schottland erleben kann

Fort William hat rund 10 000 Einwohner, ist damit nach Inverness die zweitgrößte Siedlung im Regierungsbezirk Highlands. Für uns, die wir seit dem kurzen Aufenthalt im Städtchen Thurso an der Nordküste nur noch kleinere Orte, winzige Weiler und Streusiedlungen kennengelernt haben, vor allem mit struppigen Hochlandrindern, mit Geisterschiffen im Nebel und mit einspurigen Gebirgsstraßen zu tun hatten, bildet das Mittelzentrum die Pforte zum Wiedereintritt in die Zivilisation. Die hiesige City ist eine Fußgängerzone, belebt von Geschäften und Hotels, es gibt Geldautomaten, Ampeln, Fußgänger-Unterführungen und große Werbeflächen an den Umgehungsstraßen.

Gegründet wurde Fort William von den Truppen des Londoner Lordprotektors Oliver Cromwell, die hier in den 1650er-Jahren eine Befestigungsanlage aus Palisaden errichteten. Ihren Namen bekam die Siedlung knapp hundert Jahre später, als der verhasste William, Herzog von Cumberland, nach seinem triumphalen Sieg über das Heer von Bonnie Prince Charlie in ganz Schottland neue Festungen und Kasernen für englische Besatzungstruppen bauen ließ. Die sollten künftige Jakobitenaufstände unterdrücken. Wollte man, wozu viele Schotten bis heute neigen, die schottische Geschichte partout aus Sicht der Unterlegenen interpretieren, dann wäre Fort William somit ein Stachel, den die englischen Unterdrücker an einer besonders sensiblen Stelle ins Fleisch des schottischen Mutterlands getrieben haben. Bis heute gibt es daher immer wieder Anläufe, den Ort umzubenennen, etwa in Invernevis. Was aber – das geben auch die Befürworter dieser Idee zu – klingt wie ein betrunken genuscheltes »Inverness« und somit zu Verwechslungen führen könnte.

Aus einem anderen Blickwinkel betrachtet vereint Fort William viele Vorzüge: Es liegt am Fuß des Ben Nevis, des höchsten Berges in Großbritannien, und zeigt somit allein von seiner geografischen Position Parallelen etwa zum beliebten Garmisch-Partenkirchen unterhalb der Zugspitze. Zum zweiten ist das Städtchen ans britische Fernbahnnetz angeschlossen. Der *Caledonian Sleeper* endet hier, ein Nachtzug, der von Sonntag bis Freitag den Londoner Euston-Bahnhof mit den westlichen Highlands verbindet. Außerdem startet der dampfgetriebene *Jacobite*-Museumszug in der Hochsaison zweimal täglich vom Bahnhof in Fort William nach Mallaig, dem Fährhafen zu den Hebriden und damit das schottische Pendant zum ostfriesischen Norddeich Mole.

Der *Jacobite* ist eine Touristen-Attraktion – nicht nur, weil die schnaufende, paffende Dampflok mit Waggons aus den 1950er-Jahren unterwegs über die gebogen gemauerte Glenfinnan-Brücke rattert, das gesamte Tal in weißen Dampf und Rauch einhüllt, wie es in den Harry-Potter-Filmen zu sehen ist. Die Strecke des Museumszugs führt an mehreren schottischen Superlativen entlang: Sie startet an Großbritanniens höchstem Berg, führt über den westlichsten Bahnhof Arisaig an den tiefsten See und den kürzesten Fluss des Vereinigten Königreichs: Loch Morar ist 310 Meter tief und entwässert über einen Fluss gleichen Namens, keinen Kilometer lang, in den Nordwest-Atlantik.

Wir stürzen uns kurz in den Trubel der Fußgängerzone von Fort Williams, verkrümeln uns aber nach den wichtigsten Besorgungen wieder in den ruhigeren Vorort Inverlochy. Dessen Burg an, wie der gälische Name sagt, der Mündung des Flusses Lochy, war Schauplatz von zwei großen Schlachten. In der letzten besiegte 1645 der königstreue James Graham, Marquis von Montrose, dessen Schicksal wir seit dem Besuch in Ardvreck Castle kennen, den republikanisch und damit englisch gesinnten Marquis von Argyll. Was ihm wenige Jahre später einen besonders grausamen Tod beschert hat, wie wir aus der unglücklichen Geschichte wissen.

Die quadratische Burgruine mit dicken Türmen an jeder Ecke ist gut erhalten; amerikanische Touristen in Regenjacken stapfen entlang der grauen Mauern und sinnieren über die Geschichte der Heimat ihrer Vorfahren.

Das Trogtal des Great Glen, entstanden während der jüngsten Eiszeit vor rund 12 000 Jahren in einer tektonischen Verwerfungszone, verläuft schnurgerade von Südwesten nach Nordosten, von Fort William bis Inverness. Der größte Teil seiner Oberfläche ist von Seen bedeckt, deren Ufer ebenfalls wie mit dem Lineal gezogen scheinen: zunächst der Loch Lochy, der nach Westen in den Atlantik entwässert, dann Loch Oich und Loch Ness, deren gemeinsamer Ausfluss bei Inverness in die Nordsee mündet. An der Wasserscheide überwindet eine mehrstufige Schleusenanlage die Erhebung zwischen den beiden Flusssystemen. Denn der Kaledonische Kanal, zwischen 1803 und 1822 nach Vorbild des schwedischen Trollhätte-Kanals erbaut, nutzt den flachen Übergang zwischen den beiden Meeren, führt auf insgesamt 97 Kilometern durch die genannten Seen und durch künstlich angelegte Wasserstraßen, die die Stromschnellen der Flüsse umgehen.

Schon Theodor Fontane wusste bei seiner großen Schottlandreise in den 1860er-Jahren, dass der Kanalbau, anders als erhofft, keinen wirtschaftlichen Aufschwung für die Region brachte. Heute sind die 29 Schleusen des Kaledonischen Kanals nur noch Touristenattraktion, genutzt vor allem von Motorbooten und Ausflugsdampfern.

Unser nächster Stopp ist Fort Augustus am südwestlichen Ende des Loch Ness. Nicht allein der Name erinnert an einstige Außenposten am territorialen Rand der Vereinigten Staaten oder Kanadas, auch die Funktion dieser nordschottischen Militärstation war über Generationen ähnlich wie jener in der Neuen Welt, wie Theodor Fontane in der Reportage über seine Schottlandreise beschreibt: »Die nächste Sehenswürdigkeit, die sich Fort Augustus nennt, (...) steht als Festung auf keiner höheren Stufe als die Blockhäuser in Nordamerika, die etwa um die selbe Zeit [etwa die erste Hälfte des 18. Jahrhunderts] gegen die Überfälle der Sioux und Chippeway-Indianer errichtet wurden. Waren doch auch die wilden Hochländer jener Epoche kaum etwas anderes als jene Indianerhorden, gleich arm, gleich roh, gleich kriegerisch, der Jagd und dem Whisky mit gleicher Ausschließlichkeit ergeben und voll gleichen Hasses gegen die Sachsen, ›den weißen Mann‹.«

Die Situation in Fort Augustus hat sich in den 158 Jahren seit Fontanes Besuch grundlegend geändert. Von den ehemaligen Wällen, Kasernen und Kasematten ist außer dem kleinen Teilstück einer Außenwand nichts mehr übrig, heute ist die ehemalige Festung ein beliebtes Zwischenziel für Touristen, das selbst an Tagen mit mäßigem Wetter wie heute aus allen Nähten platzt. Politessen wachen über die Parkbuchten in der Ortsmitte, die man nur eine halbe Stunde lang und gegen eine üppige Gebühr nutzen darf, die großen Parkplätze am Ortsrand sind überfüllt. In den Gasthäusern und Cafés muss man auf die Zuteilung eines Sitzplatzes warten. Also fahren wir weiter zum Brunnen des Heiligen Columba an der Mündung des Moriston-Flusses in den Loch Ness.

Columba – nicht zu verwechseln mit dem jüngeren irischen Mönch Kolumbanus, der im heutigen Frankreich und Italien missionierte und Klöster gründete – hat im 6. Jahrhundert die Pikten christianisiert. Ausgehend von seiner

Klostergründung auf der Insel Iona an der schottischen Westküste unternahm er zahlreiche Reisen durch die Highlands. Wegen seiner Verdienste bei der Verbreitung des christlichen Glaubens in den Highlands hat ihn die Katholische Kirche heiliggesprochen.

Zu seiner Lebenszeit gab es in der Gegend des heutigen Dorfes Invermoriston eine Quelle, deren Wasser nach Auffassung der Bewohner jeden mit einer Art Beulenpest überzog, der davon trank. Um die Allmacht, die Wunderkraft des Christengottes zu beweisen, segnete Columba den Brunnen – dem seither Heilkräfte nachgesagt werden. Bei keinem Konsumenten des Wassers sind noch einmal tödliche Geschwüre aufgetaucht.

Wir finden Columba's Well, eine in grauen, behauenen Stein gefasste Quelle, in einem dichten Laubwald nahe dem Glenmoriston Arms Hotel. Leider sprudelt das Wasser nicht mehr aus dem Brunnenrohr, sondern quillt zu unseren Füßen diffus aus dem morastigen Boden. So können wir schlecht davon trinken und die Heilkraft nicht am eigenen Leib überprüfen.

Gleich nebenan gibt es jedoch eine weitere jener über hundert Brücken zu besichtigen, mit denen der visionäre Straßenbau-Ingenieur Thomas Telford im 19. Jahrhundert die schottische Provinz erschlossen und befahrbar gemacht hat. Hier schwingen sich gleich zwei Mauer-Bögen über den Moriston-Fluss, raffiniert abgestützt auf einem Felsblock, der das Flussbett teilt. Die Brücke ist hoch genug, um vor jedem Hochwasser sicher zu sein, und massiv genug, um auch noch weitere Jahrhunderte zu überdauern. Zumal der aktuelle Verlauf der Landstraße ein paar Meter weiter auf einer neuen, breiteren Brücke den Moriston quert.

Wir fahren zurück nach Fort Augustus, um von dort an das östliche, das weniger befahrene Ufer des Loch Ness zu kommen. Theodor Fontane hatte keine hohe Meinung von diesem See, der heute das weitaus bekannteste schottische Gewässer ist. Ihm missfiel »seine Monotonie; er ist überall derselbe, und die hohen bewaldeten Bergabhänge, die im Schmuck des frischesten und schattierungsreichsten Grüns prangen, hören auf, von besonderem Interesse zu sein, wenn man sich zuletzt nicht verhehlen kann, dass jede neue Meile, die man macht, nur das Bild der eben zurückgelegten wiederholt«, schreibt er in seiner schottischen Reisereportage *Jenseits des Tweed*.

Mag sein, dass sich der große deutsche Romancier in seine epische Langeweile hineinsteigerte, weil er den weitgehend unbesiedelten Loch Ness in seiner vollen Länge von 36 Kilometern auf dem Schiff überquerte, somit backbords wie steuerbords stundenlang den mehr oder weniger immer gleichen Anblick vorfand. Wir hingegen konnten das Westufer mit dem Auto erkunden. Nun wollen wir von Osten rüberschauen auf das mächtige Urquhart Castle, das auf einem Felsplateau über der tiefsten Stelle des langen, dunklen Sees thront.

Das Südostufer des Loch Ness ist nicht befahrbar. Unsere Route auf der kleinen Landstraße B 862 führt zunächst durch die Berge, die das große Gewässer vom Hinterland abtrennen und die ähnliche Panoramen bieten wie gestern die Strecke zur winzigen Drehbühnenfähre auf der Insel Skye: Weiden wechseln mit Heideflächen und Nadelwäldern, kurvige Strecken mit längeren Geraden direkt auf dem Bergrücken.

Das Land ist leer, hier auf der bewaldeten Hochfläche gibt es fast keine Dörfer, keine größeren Höfe. Nach dem Regen gestern ist die Luft heute besonders klar und wir genießen wieder weite Ausblicke, diesmal über die Kuppen und Höhen der Grampian Mountains, jenes südlichen Teiles der Highlands, den wir zuvor allenfalls aus der Ferne gesehen haben. Erst auf der Hälfte der Strecke Richtung Inverness steigt die Landstraße immer weiter hinab, um schließlich direkt am Ostufer des Loch Ness entlangzuführen.

Hinter dem Dorf Dores, fast schon am Ausfluss des Sees und nahe der Stadtgrenze von Inverness, weist ein Schild an der Straße runter zum Strand: Loch Ness Hunter. Den Mann und seine Arbeit müssen wir kennenlernen! Denn wenn einer Bescheid weiß über die Phänomenologie der Monster, die vielleicht in diesem tiefen, dunklen See leben und die Phantasie der Menschen an seinen Ufern, vor allem aber die der Medien in aller Welt beschäftigen, dann ein Indiana Jones, ein Käpt'n Ahab, der direkt am Ufer wohnt und dem Mythos hinterherjagt!

Steve Feltham wohnt in einem umgebauten Bedford-Lieferwagen, der in den 1980er-Jahren als mobile Leihbibliothek über die Dörfer in Felthams südenglischer Heimat gondelte und den er sich mit einem Klavier, einem Sofa, mit Büchern und einer Kochnische gemütlich eingerichtet hat. Der Bedford, keine 20 Meter vom Wasser vor einem Wäldchen abgestellt, ist kein Wohnmobil, sondern aufgebockt, um die alten Achsen und Radaufhängungen zu entlasten, und fest eingefügt in ein nach Südwesten ausgerichtetes Ensemble einer hölzernen Terrasse und verschiedener Auslagen, auf denen Feltham seine selbstgemachten Nessie-Figuren anbietet. Mit deren Verkauf finanziert er seine Existenz als Monster-Jäger oder, friedvoller ausgedrückt, als Nessie-Sucher und Naturbeobachter. Für eine wenige Zentimeter hohe Plastik, geformt aus gehärteter Fi-

mo-Modelliermasse, verlangt er 7,50 Pfund Sterling, die größere Ausführung, die als Figurine immer noch in jedes Bücherregal, auf jede Ablagefläche passt, kostet 14 britische Pfund.

In Felthams Verniedlichungsform erinnert das Ungeheuer von Loch Ness an Hans Christian Andersens Kleine Meerjungfrau oder an Frau Mahlzahn, den weiblichen Drachen aus Michael Endes Kinderbuch *Jim Knopf und die Wilde 13*, wie er in der Verfilmung mit der Augsburger Puppenkiste dargestellt wurde: Felthams Nessie-Skulpturen sitzen auf einem Stein, den er am Seeufer aufgelesen hat, und schauen, je nach Betrachtungsweise, versonnen bis verträumt. Jedes Modell ist in grün, blau, lila oder pink zu haben.

Steve Feltham ist ein freundlicher, jederzeit ansprechbarer Mittfünfziger mit hellblauen Augen, dünnem weißem Haar und gepflegten britischen Umgangsformen. Im Sommer 1991 gab er seinen Job als Vertreter für Einbruchsschutzanlagen auf, verließ seine langjährige Lebenspartnerin und zog ans Nordende des großen Sees bei Inverness, um sein Leben fortan der Suche nach jenem Wesen zu widmen, das die Welt als »Ungeheuer von Loch Ness« beschäftigt.

Feltham ist kein Wissenschaftler, sondern ein Lebenskünstler. Seine Beobachtungen sind keine systematischen Studien, er publiziert nicht in Fachzeitschriften, setzt außer einem Feldstecher nur sporadisch technisches Gerät ein, diskutiert weder seine Vorgehensweisen noch seine Ergebnisse in Fachgesellschaften oder auf Kongressen. Was unter anderem auch daran liegt, dass er wenig bis gar keine konkreten Ergebnisse vorzeigen kann. Nur ein einziges Mal, in den ersten Tagen seiner »Nessie-Jagd«, hat er etwas beobachtet, das für eine »Sichtung« gelten oder durchgehen kann: Ein großes, dunkles Objekt im Wasser, dessen Form sich nicht genau erkennen ließ, dessen Bewegungsrichtung und -muster jedoch nicht mit denen von Wind und Wellen erklärbar waren. Doch obwohl Steve Feltham täglich mehrfach die große Gewässerfläche vor seiner Terrasse absucht, obwohl er inzwischen jeden Lichteffekt kennt, den Sonne, Wolkenschatten oder Mondlicht in dem von Torfpartikeln schwärzlich gefärbten Nass erzielen können, obwohl er nachts ins Dunkel hinauslauscht, hat er nichts mehr entdeckt, das einen Hinweis auf die Existenz, gar auf die Spezifikation oder den Charakter eines Loch-Ness-Monsters geben könnte.

Dennoch wird der »Nessie-Hunter« seiner Jagd nicht müde. Die erinnert bei genauer Betrachtung weniger an den Ehrgeiz, wie ihn etwa die »Jäger« von Elementarteilchen am CERN in Genf oder an anderen Großforschungsanlagen in aller Welt entwickeln. Steve Feltham ist vielmehr ein professioneller Idealist, ein Träumer, der diese Existenzform mit typisch britischen Charakterzügen verbindet. »Ich bin nicht hier, weil ich anderen etwas beweisen will«, antwortet er freundlich auf die Frage nach seiner Motivation. »Ich lebe meine Neugier nach Abenteuern, die sich hier, in dieser wunderbaren Landschaft, an diesem sagenhaften See in Hülle und Fülle bieten. Ich erlebe jeden Tag Neues, komme auf neue Ideen, kann mich mit neuen, interessanten Menschen austauschen. So habe ich eine wundervolle Aufgabe, der ich mich immer noch und immer wieder gern widme.«

Tatsächlich landen ständig neue Besucher auf Felthams Terrasse. Sie lassen sich mit dem »Nessie-Hunter« vor dessen skurriler Behausung fotografieren, die auch diesen Schriftzug trägt, diskutieren mit ihm die verschiedenen Theorien. Feltham selbst denkt, eine bestimmte Wels-Art, also ein besonders großer, altertümlicher Fisch könnte hinter den Monster-Sichtungen stecken, die seit den 1930er-Jahren vor allem in der »Sauren Gurken«-Zeit des Hochsommers die Zeitungsspalten und Webseiten füllen. Seine Besucher hören begeistert zu, wenn der Einsiedler und Abenteurer von besonderen Plätzen in der reichhaltigen schottischen Natur spricht, wenn er Aussichtspunkte oder Picknickplätze in der Gegend um Loch Ness empfiehlt.

Außer den Nessie-Touristen kommen auch Schwimmer an den Strand von Dores. Dies ist umso bemerkenswerter, als die Wassertemperatur des Loch Ness jahrein, jahraus weitgehend stabil bei zirka sieben Grad bleibt. Was also aus unserer Sicht viel zu kalt ist für jede Form von Badevergnügen.

Auch am Tag unseres Besuchs stürzen sich mehrmals Wagemutige in die eisigen Fluten vor Steve Felthams Behausung. Bei unserer Ankunft steigt gerade eine füllige ältere Dame aus dem Wasser und rubbelt sich mit einem rauen Handtuch wieder warm. Wenig später kommen drei junge Männer in Badehosen. Zwei von ihnen haben eine Wette verloren, der dritte filmt mit dem Handy, wie die beiden anderen prustend und ächzend 90 Sekunden lang bis zum Kinn eintauchen müssen. Auch die übrigen Strandbesucher filmen, kommentieren spöttisch bis anerkennend, als die beiden Schwimmer endlich schnatternd und schlotternd wieder das Wasser verlassen und zu ihrem Auto eilen, um sich in dicke Bademäntel einzumummeln.

Auf dem Weg nach Urquhart Castle am Nordufer von Loch Ness kommen wir am »Monster Centre« vorbei. Eingerichtet im ehemaligen Hotel Drumnadrochit steht das heutige Touristenziel am Ausgangspunkt des ganzen Rummels, der in den vergangenen 85 Jahren um das Ungeheuer von Loch Ness getrieben wurde: John und Aldie Mackay, die Hotelbesitzer jener Zeit, erzählten im Frühjahr 1933 Reportern ihrer Lokalzeitung, wie sie am 14. April gegen drei Uhr nachmittags bei strahlendem Sonnenschein zwei etwa 1,80 Meter voneinander entfernte, dunkle Höcker auf der absolut ruhigen Wasseroberfläche von Loch Ness entdeckten, die sich etwa eine dreiviertel Meile vom Ufer entfernt schnell fortbewegten – wie eine Wasserschlange oder wie ein Drachen. Der Beitrag über diese Sichtung erschien am 2. Mai im *Inverness Courier* und für den Rest der Saison war das Drumnadrochit Hotel ausgebucht mit Journalisten aus aller Welt, die angereist waren, um nun ihrerseits nach dem »Monster« Ausschau zu halten.

Ein Jahr später gab es sogar ein Foto. Das dort in schwarzweiß und unscharf abgebildete Ungeheuer schwamm jedoch nicht wie eine Seeschlange oder ein Drache. Es zeigte auch keine Höckerform, sondern streckte seinen hohen Hals mit einem dünnen Kopf am Ende nahezu senkrecht aus dem Wasser – in etwa wie ein schwimmender Saurier. Paläontologen tippten auf einen Plesiosaurus, eine Fischechse aus dem Erdmittelalter.

Nun war kein Halten mehr. Die Theorien und Spekulationen um die Herkunft, die Verbreitung, die Natur des »Ungeheuers vom Loch Ness« blühten rasch und in immer grelleren Formen auf. Zeitungen und Zeitschriften in aller Welt malten immer buntere, immer phantastischere Bilder von dem Monster, das in den Tiefen des nordschottischen Sees leben sollte – von seiner Lebensweise, seiner Gefährlichkeit. Nach dem Zweiten Weltkrieg begann dann auch die wissenschaftliche Suche nach einer großen Tierart im dunklen, kalten Wasser von Loch Ness. Ferngesteuerte Kameras versuchten Fotos in der undurchsichtigen Schwärze, Sonarwellen wurden horizontal und vertikal verschickt, eigens konstruierte Mini-U-Boote zu Wasser gelassen.

Das Loch Ness Monster Centre erzählt die Geschichten all dieser Expeditionen, Versuche und Studien ausführlich in einem halben Dutzend Videofilmen, die das überprüfte Wissen bündeln und die Antworten versuchen auch auf die absurdesten Fragen im Zusammenhang mit Nessie. Das Plesiosaurier-Foto von 1934 war zum Beispiel eine bewusste Fälschung des Fotografen; er hatte eine Attrappe gebaut und zu Wasser gelassen. Rund eine Dreiviertelstunde dauern die Vorführungen in verschiedenen Sälen, in denen auch alle Funde, Requisiten und Accessoires jedes Forschungsansatzes ausgestellt sind.

Auch lernen wir, dass das Motiv eines Wasser-Ungeheuers in der Gegend um Loch Ness schon wesentlich älter ist als der Medienrummel des 20. Jahrhunderts. Schon der Heilige Columba, dessen Heilquelle wir am Morgen im Wäldchen von Glenmoriston besucht haben, musste sich mit einem Monster herumschlagen, als er im Jahr 565 den Piktenkönig Bridei und dessen Gefolge an der Residenz von Inverness missionierte. Einer von Columbas Gefährten, so erzählt die Legende, wurde beim Baden im Fluss Ness von einem Untier bedrängt, das kurz zuvor bereits einen Pikten getötet hatte. Columba soll daraufhin sein geschmücktes Kreuz emporgereckt und das Ungeheuer beschworen haben: »Du darfst nicht näher kommen, den Mann nicht berühren! Weiche sofort zurück!« – Mit Erfolg. Das Monster, so erzählt die Heiligengeschichte, verzog sich umgehend und ward nie wieder gesehen. Die Macht des Kreuzes und die Beschwörungskraft des Gottes, der mutmaßlich dahinter stand, soll die Pikten so beeindruckt haben, dass sie sich taufen ließen.

Gegen Ende unseres Besuches im Monster Centre wird deutlich, warum alle Ultraschall- und Radaruntersuchungen des Loch Ness, alle U-Boot-Einsätze und alle Kamerastationen oberhalb des Wasserspiegels nichts entdeckt haben: Es kann dort kein Ungeheuer geben! Unter den kilometerdicken Gletschern der jüngsten Eiszeit wären auch die robustesten Fisch-Saurierarten erstickt und verhungert, eventuelle Eier-Gelege wären erfroren. Für Echsen, Schlangen oder andere wechselwarme Tiere wäre das Wasser des Loch Ness zu kalt, Säugetiere fänden dort nicht genug zu fressen. Als Raubfische würden auch die Welse, an die Nessie-Hunter Feltham glaubt, oder andere große Fischarten nicht genügend Nahrung finden in dem kalten und dunklen, folglich fischarmen Gewässer.

All das leuchtet auch uns so lange ein, bis wir im letzten Saal des Monster Centres die Videos sehen, in denen etliche Zeugen von ihren Sichtungen erzählen. Sie schildern die Details so lebhaft, zeigen so logische Zusammenhänge auf, nennen so plausible Umstände für ihre Wahrnehmung, dass wir am Ende wieder nicht sicher sind: Ist womöglich doch was dran an der Geschichte vom Ungeheuer im Loch Ness? Kann dieser so besondere schottische See vielleicht doch der Lebensraum sein für eine noch unbekannte Art? Oder verursachen die eigentümlichen Licht- und Wetterverhältnisse spezielle optische Täuschungen?

Im Souvenir-Shop kaufen wir jedenfalls knallgrünbunte Nessie-Stofftiere als Mitbringsel für die Kinder daheim. Wenn wir die Geschenke überreichen, das wissen wir schon jetzt, werden uns die Geschichten nicht ausgehen. Und unsere Zuhörer werden vor Spannung Augen und Münder aufreißen.

Urquhart Castle bietet uns gleich den nächsten schottischen Superlativ: Im Mittelalter war es die größte Burg der Highlands, heute ist es ihre größte Ruine. Dabei war hier nicht einmal eine Königsresidenz. Während der ersten schottischen Unabhängigkeitskriege wurde es lediglich zum Zankapfel zwischen dem englischen König Edward I., dessen Vasallen es besetzt hielten, und dem Schotten Robert I. (»the Bruce«), der es, zusammen mit der gesamten Region, im Jahr 1308 von den Engländern befreite, bevor er zum ersten Mal so etwas wie ein autonomes Großschottland gründete, das Highlands und Lowlands weitgehend vereinte.

Heute ist Urquhart Castle ein beliebtes Touristenziel, das sich am Tag unseres Besuchs lieblich über ausgedehnte Wiesenhügel erstreckt. Das Idyll unter der Spätnachmittagssonne eines Septembertages wird nur gestört durch die Royal Air Force, die heute Tiefflug-Manöver entlang des Great Glens fliegt, mit ihren Überschalljägern zwischen den engen Steilwänden des Trogtals und nur knapp über der Wasseroberfläche entlangdonnert, durch den Triebwerkslärm die Ruinen fast zum Einsturz bringt.

In der weitläufigen Architektur von Urquhart Castle führen Wendeltreppen in höhere Stockwerke und auf Aussichtstürme, meterdicke Mauern tragen Gewölbe und Kasematten, Fensterstöcke zeigen den Ausblick, der sich von den Kemenaten bot. Nur ein großer Festsaal wurde im 15. Jahrhundert abgerissen. Wahrscheinlich nachdem er durch einen der vielen Angriffe auf Urquhart Castle beschädigt worden war. Im Jahr 1342 hatte hier König David II., der Thronfolger von Robert the Bruce, mit dem Earl of Ross und den Bischöfen von Moray und von Ross gefeiert.

Wir geraten in eine Art Zieleinlauf-Stimmung. Die Burganlage, Motiv für zahllose Postkarten und Umschlagfotos von Reiseführerbüchern, ist die letzte große Sehenswürdigkeit auf unserer Rundfahrt über die nordschottische North Coast 500. Heute Abend werden wir in Inverness unseren Ausgangspunkt am Schloss wieder erreicht, den Kreis geschlossen haben. Wir lassen den Blick schweifen über das langgestreckte Tal des Great Glen, schauen hinüber zu den bewaldeten Höhen der Grampian-Ausläufer und atmen tief die klare Highlandluft ein. Irgendwo in der weitläufigen Anlage hat ein Dudelsackspieler seine Weisen begonnen, die sich nicht entscheiden können, ob sie martialisch oder traurig klingen wollen. Wenn wir ab morgen zurückfahren, werden wir all dies vermissen.

Für unsere letzte Nacht in Schottland bieten uns Joe und Leone Gibbs ein Quartier. Joe ist der Freund eines Freundes und Herr in Phoineas House auf dem Belladrum Estate. Seit dem Jahr 2004 findet dort alljährlich am ersten August-Wochenende das Tartan Heart Festival statt, das Joe und seine Familie veranstalten und das inzwischen eine schottische Institution geworden ist. »Wir sind bei weitem nicht so groß wie etwa das Glastonbury Festival in England oder Rock am Ring in Deutschland«, sagt Gibbs. »Dort gibt es sechsstellige Besucherzahlen. Bei uns hingegen passen nur einige zehntausend aufs Gelände.«

Belladrum hat eine andere Atmosphäre als die genannten Plätze für rockmusikalische Massenaufläufe: Zum Tartan Heart Festival kommen ganze Familien. Dadurch herrscht eine beschaulichere, zivilere Stimmung, dennoch ist das Programm nicht provinziell. Immerhin treten hier internationale Stars wie Tom Jones und Ed Sheeran auf, in anderen Jahren waren Bands wie *Madness* oder die *Kaiser Chiefs* Headliner. »Typisch schottisch«, sagt Joe Gibbs mit einem breiten Grinsen.

Eine Spezialität des Tartan Heart Festivals sind skurrile Aktionen wie etwa die Verwandlung eines sowjetischen T34-Panzers aus dem Zweiten Weltkrieg, den sich Joe von einem exzentrischen Freund besorgt hatte und während des Festivals von einer schottischen Künstlerin bunt bemalen ließ. »Durch diesen plakativen Einsatz von Kriegsgerät konnten wir das Hippie-Motto ›Make Love, not War‹ abändern, fortschreiben, aktualisieren«, erläutert Joe. »Es war ein Mords-Spektakel. Und für alle ein Riesen-Spaß.« – Aus unserer Sicht ein besonders gelungenes Beispiel für die Umsetzung der schottischen Freiheit.

Ansonsten bilden Bands aus der Indie- und Alternative-Szene den Programmschwerpunkt, dazu alle modernen Formen der Folk- und der Singer-Songwriter-Musik. Auf etlichen Bühnen wird nur akustisch musiziert. Im Umfeld des Tartan Heart Festivals hat sich eine »Fringe«-Szene entwickelt, also ein unabhängiges Rahmenprogramm, das in kleineren, unabhängigen Veranstaltungsorten ähnliches bietet wie die großen Bühnen auf dem Gelände, auch in den Tagen davor und danach. So wird die Gegend von Inverness Anfang August zu einem Treffpunkt gut gelaunter, unternehmungslustiger Schotten und von Menschen, die deretwegen, wegen der besonderen schottischen Atmosphäre, von weither anreisen. In den vergangenen Tagen, während unserer Rundreise auf der NC 500, wurden wir immer wieder angesprochen, ob wir im nächsten Jahr nicht lieber zum Tartan Hearts Festival kommen wollen.

Heute Abend dürfen wir jedoch die private Gastfreundschaft der Gibbsens in deren Familiensitz Phoineas House genießen. Der dreiflügelige Bau ist ein typisches Herrenhaus aus dem 19. Jahrhundert: In der Bibliothek gibt es einen großen offenen Kamin, vom Salon, genau ein Stockwerk darüber, genießt man einen prachtvollen Blick über den Rasen vorm Schloss, die Wiesen und Weiden dahinter, die sanft rollende Hügellandschaft von Inverness-Shire. Treffpunkt und Herzstück des Hauses ist jedoch die große Küche im Souterrain, in der sich die Familie um einen langen Esstisch versammelt.

Dort erzählen uns die Eheleute Gibbs auch von den Besonderheiten ihres Wohnsitzes: In den Zimmern und Treppenhäusern sei es üblich, dass sich das elektrische Licht scheinbar von alleine ein- und ausschalte, dass sich Türen öffnen und schließen, ohne dass sich jemand im Raum oder im Flur davor befinde. »Quasi telekinetisch, falls euch der Begriff etwas sagt.« Viel seltener komme es zu Berührungen durch Unsichtbare, meistens ein Tippen von hinten auf die Schulter, die in der Regel von einem kalten Hauch begleitet werden. Beinahe ausgeschlossen »an eurem ersten Abend hier im Haus« seien Begegnungen mit teils schattenhaften, teils halb durchsichtigen Figuren beiderlei Geschlechts, die sich nur langsam bewegen und niemals sprechen, keinen Laut von sich geben. »Also keine Sorge, meine Lieben!«

Die Gibbsens sagen das ganz im Ernst, ohne den leisesten Anflug von Ironie. Auf unsere naive Nachfrage ernten wir erstaunte Gesichter und eine fast entrüstete Antwort: »Natürlich spukt es in Phoineas House, natürlich haben wir hier verschiedene Gespenster! Was habt ihr denn gedacht?« Leone Gibbs schüttelt den Kopf über unsere Ahnungslosigkeit. »Typische Kontinentaleuropäer!«

Wir schlafen tief und unbehelligt bis in den hellen Morgen. Beim Frühstück – es gibt Kippers, gebratene Bücklinge, und die Dame des Hauses trägt eine Pelzmütze zum geblümten Morgenmantel – berichten wir von unserer perfekten, komplett ungestörten Nachtruhe. Das Ehepaar Gibbs blickt sich wissend an und zuckt mit den Schultern, abermals ohne auch nur eine Miene zu verziehen: »Ihr habt im Ostflügel geschlafen. Dort spukt es wesentlich seltener als in den beiden anderen.«

Es wird ein langes, gemütliches Frühstück mit vielen Anekdoten um den »Russenpanzer«, um Gespenster auf allen möglichen Burgen und Schlössern, um Midgets und Nachtigallen, Lords und Earls und Clanchefs und Queen Mum, um Whiskys, Dudelsackmusik, alte Uhus und um wildgewordene Auslieferungsfahrer. Große und kleine Geschichten werden erzählt zur schottischen Geschichte und dem hierzulande praktizierten Begriff von Freiheit, zu Natur-Erlebnissen und zum Autofahren auf einspurigen Sträßlein. Es wird viel gelacht und als wir uns am späten Morgen (»Nun müssen wir aber wirklich los! Die Fähre zurück auf den Kontinent wartet nicht!«) auf den Weg machen, haben wir ein Gefühl, als hätten wir die Themen von ganz Schottland noch einmal in einer großen Kasserolle zusammengebracht, zu einem köstlichen Gericht gegart und mit Genuss verspeist.

Einen schöneren Abschied von Schottlands Norden, von den Highlands, den Islands und den hohen Himmeln hätten wir uns nicht wünschen können.

Rück- und Ausblick

»Touristen sind keine Besucher.«

Was kommt nach einer Rundfahrt, wenn man sich nicht weiter im Kreis bewegen will?

An unserem letzten Abend im menschenarmen Nordschottland wollen wir's nochmal wissen: Gibt es hier neben allen Naturschönheiten und -sensationen auch einen Platz mit einem Nachtleben? Ein Ort, wo der Bär steppt wie in Dawson City beim Goldrausch von Alaska, wie auf Sankt Pauli im Film *Große Freiheit Nr. 7*, oder wie im römischen Trastevere an einem Samstagabend? Dazu machen wir uns an einem ebensolchen, unserem letzten in Schottland, von unseren Gastgebern in Phoineas House im Belladrum Estate auf nach Inverness.

Diese »Hauptstadt der Highlands« hat im Zentrum eine Fußgängerzone, die etwas mehr umfasst als nur eine Einkaufsstraße: Zwischen Bahnhof und Schloss, links und rechts der Church Street, gibt es genug Restaurants, Kneipen, Bars, Cafés und Clubs, um Vergnügungssüchtige und Unterhaltungswillige auch aus weit entfernten Dörfern anzulocken. In diesem (auch wir haben uns den schottischen Superlativ angewöhnt) wohl nördlichsten Ausgehviertel des Vereinigten Königreichs suchen wir das Saturday Night Fever.

Und stolpern förmlich hinein. Auf den Straßen und Gassen in jener Ecke von Inverness drängen sich heute Dorfschönheiten und junge Männer mit abenteuerlichen Frisuren, Sakkoträger halten Ausschau nach den kürzesten Röcken des Abends, Pfennigabsätze stöckeln vorsichtig über das Kopfsteinpflaster, neue Sneaker werden aus- und vorgeführt, gewagte Tätowierungen blitzen aus Rücken-Dekolletés. Es riecht nach Burger und Döner, nach Fish and Chips und Dope: Die Nachtschwärmer haben sich an einem der vielen Imbisse mit einer Portion Fast Food versorgt und kauen jetzt, während ihrer Suche nach der heute Abend heißesten Adresse, herzhaft auf beiden Backen. Andere schwenken Bierflaschen, wieder andere verstecken einen glimmenden Joint in der hohlen Hand, wenn mal wieder eine Polizeistreife freundlich grüßend vorbeischlendert.

Die Restaurants sind brechend voll, auch die teuren wie das Mustard Seed drunten am Fluss, das auf den entsprechenden Websites viele tausend Empfehlungen vorweisen kann, weil dort besonders raffiniert gekocht wird. Wer, wie wir, keinen Tisch reserviert hat, kann allenfalls auf einen Platz in einer der Gasthaus-Ketten hoffen, die ihre Gäste so schnell abfüttern, dass sie Tische vier- bis fünfmal an einem Abend belegen können.

An den Einlässen zu den Clubs stehen Türwächter, die jede Reservierung akribisch prüfen – oder eben gegen ein Trinkgeld ein gutes Wort bei der Chefkellnerin einlegen, die drinnen dann doch noch einen Winkel an der Bar findet, in den man sich zwängen kann. Das Bier fließt in Strömen, die Zapfhähne werden kaum mehr abgedreht, weil immer wieder ein neues Pint-Glas angereicht wird. Die meisten Kneipen servieren vier bis acht Sorten vom Fass: helle und dunkle, ober- und untergärige, britische und ausländische.

Der meiste Trubel herrscht zweifelsfrei im Hootananny an der Ecke von Church- und Fraser-Street, einem Live-Musikclub mit Schwerpunkt auf schottischer Folkmusik und einer Speisekarte, die neben den Standards wie gegrilltem Lachs oder Steak vom Angus-Rind auch Spezialitäten wie Haggis-Burger bietet. Diese schottische Variante ersetzt den Käse eines Cheese-Burgers durch eine Scheibe des Nationalgerichts aus Schafs-Innereien, Nierenfett und Haferflocken – nichts für empfindliche Gaumen und Mägen. Das Hootananny ist auch während des Tartan Hearts Festivals und während der »Fringe«-Tage davor und danach ein Zentrum des Geschehens.

Wir schaffen es zwar, uns durch die Tür und zwei, drei Meter nach drinnen zu drängen, doch nicht bis an die Bar. So müssen wir ohne Bier in der Hand zuhören, wie die akustische Vorband mit Banjo, Akkordeon, Gitarre und Cajon ein breites Repertoire schottischer und irischer Trink- und Partysongs abspielt. Die jungen Männer auf der Bühne halten das Tempo und den Druck hoch, singen laut und heftig, treffen mit ihrem mehrstimmigen Gesang dennoch die richtigen Töne und machen auch sonst alles richtig, sodass in kürzester Zeit die Stimmung im Saal kocht. Alle stampfen oder klatschen den Rhythmus, bei *Whisky in the Jar* singt schließlich der ganze Saal mit: »Mush a ring dum a doo dum a da! Whack for my daddy-o!« Die erste Zugabe ist, wie könnte es anders sein, *I'm Gonna Be (500 Miles)* der Proclaimers mit dem markanten Kiekser im Refrain auf dem »I«: »And I would walk 500 miles and I would walk 500 more ...« Das Publikum – von Zuhörern kann man in Anbetracht der temperamentvollen Mitwirkung und Anteilnahme nicht mehr sprechen – reagiert begeistert, gerät außer Rand und Band.

Dabei baut die elektrifizierte Haupt-Band erst jetzt ihre Verstärkeranlagen auf, um den Saal, der »seine Betriebstemperatur erreicht hat«, wie der Ansager zufrieden feststellt, »ordentlich durchzuschütteln und zu -rütteln!«. Die Jungs aus Aberdeen machen dann Dampf mit einem vollpfundigen Bass, einem treibenden Schlagzeug und einem unwiderstehlichen E-Gitarrengroove, sodass jeder unwillkürlich mitwippt, die Schultern schiebt, Tanzbewegungen versucht, soweit dies auf dem knappen Platz möglich ist. – Partytime!

Mein Nachbar, ein blondgefärbter Schotte im bedruckten Kurzarmhemd, mit hochgegelten Haaren und großem Silberreif im Ohr, sieht mein anerkennend-erfreutes Lächeln über die druckvolle Musik. »Ever been here before?« brüllt er mir ins Ohr. Ich schüttle den Kopf, forme die Lippen zu einem hoffentlich lesbaren »from Germany«. Mein Nachbar grinst. »It's like that every weekend«, brüllt er. »And sometimes on weekdays, too.«

Nun, am Endpunkt unserer Rundfahrt angelangt, ist es wohl Zeit für einen Rückblick, für eine Bilanz. Zwar konnten wir nicht alles sehen und mitmachen, was es an der Route der schottischen North Coast 500 zu erleben gibt, den größeren Teil des wichtigen haben wir jedoch hoffentlich erfasst: Wir haben die unglaublichen Farb-Panoramen an den steilen Berghängen, in den Mooren und in der Heide, in den Wäldern und an den Küsten der nördlichen Highlands genossen. Wir haben in die endlos hohen Himmel geschaut, die sich über den Seen und Meeresarmen, den Hochflächen und Parks immer wieder auftun – mal mit und mal ohne Wolken.

Wir haben gesehen, wie nah uns Sirius, Beteigeuze, Rigel und alle anderen Sterne des Universums sein können, wenn wir den Blick aus einem nordschottischen Tal erheben. Wir haben der salzigen Luft nachgeschnuppert, die von den steifen Brisen übers Binnenland getrieben wird. Wir haben Nachtigallen gelauscht und die raffinierten Flugmanöver eines uralten Uhus bewundert, die Tiefflieger der Royal Air Force im Great Glen bestaunt.

Wir haben mal traurige, mal martialische Dudelsackweisen gehört und den mal milden, mal torfigen Geschmack der Single Malts auf der Zunge zergehen lassen. Wir haben von hohen Klippen hinuntergeschaut auf Kolonien von tausenden Seevögeln, haben den Blick schweifen lassen zu den fernen Inseln und Archipelen und haben den Samtstoff ertastet, der über die Sessellehnen von Queen Mum gespannt ist. Wir haben in saure und in süße Äpfel gebissen, krosse Käse-Scones verkostet und butterzartes Fleisch von heimischen Lämmern und Angus-Rindern mit der Gabel geteilt. Wir haben unglaubliche Sonnenuntergänge erlebt und Geisterschiffe durch Nebelbänke verfolgt. Unser Jaguar hat zahllose Haarnadelkurven bewältigt, Meeresarme und Flussmündungen auf weit geschwungenen Brücken überquert, sich auf nur mühsam navigierbaren Single-Lane-Roads bewährt. An einem verregneten Sandstrand haben wir einen einsamen Surfer beobachtet, international erfolgreiche Künstler haben uns ihre Ateliers und ihre Werkzeuge gezeigt. In alten Gemäuern haben wir nach Schlossgespenstern Ausschau gehalten.

Nun waren wir auch noch dabei, wenn die Highlander einen drauf machen zur Musik von mitreißenden Bands.

Hinter uns liegen eindrucksvolle, oftmals überraschende Tage und Nächte. Die North Coast 500, die neue, gut 800 Kilometer lange Touristenroute entlang der Küsten, bringt ihre Nutzer an Orte, von denen Kontinentaleuropäer kaum etwas wissen. Ihr Verlauf birgt Abenteuer und Idyllen, Spektakuläres, Nachdenkenswertes und alle möglichen Erscheinungsformen der »lebenskünstlerischen Freiheit«, die sich in den Northwestern Highlands immer wieder Bahn bricht. Die Erinnerungen an all das hallen lange nach.

Zugleich zeigt die NC 500 aber auch die Grenzen, die sich dem schottischen Fremdenverkehr derzeit stellen: Es gibt nicht genug Übernachtungsmöglichkeiten. Hotelbetten oder Privatpensionen im Stil der in Großbritannien beliebten Bead and Breakfasts sind entlang der Route ziemlich rar und oftmals schnell ausgebucht. Die Beschränkung hat inzwischen ein solches Ausmaß angenommen, dass die Polizei an einem Wochenende im Sommer 2017 nur jene Autos über die große Straßenbrücke auf die Insel Skye passieren ließ, deren Insassen eine Unterkunft für die nächste Nacht belegen konnten.

Auch wir hatten Schwierigkeiten bei der Quartierssuche. Manchmal mussten wir unsere Pläne ändern, zwanzig oder mehr Meilen weiter oder in eine andere Richtung fahren, um eine bezahlbare Unterkunft zu finden. Einmal blieb uns nichts anderes übrig, als in einer Art Zelt zu übernachten, das Airbnb-Vermieter in ihrem Garten aufgebaut und eingerichtet hatten. Zur Toilette und zur Dusche ging's durch eine nasse Wiese. Wer nicht firm ist in mobiler Internet-Recherche oder sich diese nicht auf Dauer zumuten möchte, der sollte seine Übernachtungen am besten langfristig vorab buchen. Was aber bedeutet: Man muss sich dann strikt an die so gewählte Route halten.

Auch die Verköstigung kann ein Problem werden an der NC 500. Die Restaurants haben nicht genügend Plätze, der Service wird häufig nicht fertig mit dem Touristen-Ansturm, der vor allem abends in die Pubs und Gasthöfe drängt. Die Auswahl der jeweiligen Speisekarte schrumpft dann schnell zusammen, oft bleiben nur Fish and Chips und Haggis.

Manche Schotten schimpfen deshalb auf die NC 500 und auf deren Väter in Organisationen wie der North Highland Initiative. Die hätten das Projekt in die Welt gesetzt, ohne sich um die notwendigen Strukturen und Services dahinter zu kümmern. Die Gastwirte, meint zum Beispiel Morag, eine unserer Airbnb-Wirtinnen, hätten keine Mittel, um in einen Ausbau zu investieren, und fänden auch bei den Banken nicht genügend Gehör. Es gebe keine gezielten Kreditprogramme und zu wenig Geld in den regionalen Töpfen der Banken und Sparkassen, um die touristische Infrastruktur zu erweitern und zu verbessern.

Andere Anwohner kritisieren die NC 500 grundsätzlich. Lotte Glob, die aus Dänemark stammende Künstlerin mit dem Sculpture Croft am Loch Eriboll, hält zum Beispiel das gesamte Projekt »für einen groben Fehler«. Ihr missfällt, dass die Touristenroute »viel zu selten zum An- und Innehalten« einlädt. In ihren Augen verleitet das gegenwärtige Konzept des Rundkurses nicht etwa zu einer mußevollen Fortbewegung, bei der es an jeder Ecke etwas Neues zu entdecken gilt, sondern zum blinden Streckemachen. »Wie sollte unsere wirtschaftlich schwache Region profitieren, wenn sich die Reisenden nur zwei Tage Zeit lassen für die 500 Meilen?« fragt Glob. Für sie sind »Touristen keine Besucher. Letztere bringen sich ein in die Umgebung ihrer Gastgeber. Die erstgenannten gaffen meist nur.«

In den nächsten Jahren, sagen die Kritiker, mit denen wir gesprochen haben, wird sich zeigen müssen, ob aus der ersten Idee einer fünfhundert Meilen langen Touristenroute ein zukunftsfähiges Modell für nachhaltiges Reisen entstehen kann. »Mit ein bisschen Glück werden wir auch das hinkriegen«, sagt Airbnb-Wirtin Peaches zuversichtlich, die trotz mancher Skepsis doch eine stolze Highlanderin ist. »Wir Schotten sind Meister darin, aus einfachen Ressourcen etwas Großes zu machen. Zum Beispiel beim Single-Malt-Whisky: Simple Rohstoffe wie Gerste, Hefe, kristallklares Wasser und Torffeuer verarbeiten wir zu einer Delikatesse, für die Kenner viele hundert britische Pfund bezahlen pro Flasche!« – So oder ähnlich könne es mit der NC 500 auch kommen, hofft Peaches.

Wir drücken ihr und ihren Landsleuten jedenfalls die Daumen für ein langfristiges Gelingen des Projekts NC 500, für den Erhalt jener lebenskünstlerischen Freiheit, die sich auf dem Rundkurs durch die Highlands so oft auftut.

Zum Abschluss sollen noch zwei Erlebnisse nachgereicht werden, die unserem Reisebericht besondere Blickwinkel hinzufügen. Die erste Episode ist eine Abenteuergeschichte. Sie soll zeigen, wie schnell und direkt eine Autofahrt durch abgelegene Regionen zu fundamentalen Einblicken, zu einzigartigen Erfahrungen mit Land und Leuten führen kann. Erst recht, wenn das Gefährt ein echter Gefährte ist, einen so speziellen, so urbritischen Charakter mitbringt wie unser vierzig Jahre alter Jaguar.

Schauplatz ist der einsame Leuchtturm an der Spitze der Halbinsel Tarbat nördlich von Inverness. Am ersten Tag unserer Rundreise über die NC 500 haben wir dort einen unglaublichen Sonnenuntergang erlebt. Während nun die Abenddämmerung schnell voranschreitet, wollen wir noch ein paar Fotos machen, die den Jaguar mit angeschaltetem Licht vor dem Leuchtturm zeigen. Dessen kreisender Lichtfinger und die Jaguar-Scheinwerfer sollen den dramatischen Abendhimmel in einem jeweils anderen Farbton erhellen.

Da ich nicht weiß, wie solide die Batterie unseres Jaguars ist, da zudem die Spannungsanzeige im Armaturenbrett während der Fahrt heute unter die Marke von 12 Volt gesunken war, lasse ich den Motor laufen, solange Christian Fotos schießt, mit der Kamera auf dem großen Dreibein-Stativ das Auto umkreist. Die Lichtmaschine, vom 12-Zylinder-Aggregat über einen Keilriemen direkt angetrieben, wird genug Strom liefern für die Scheinwerfer und die Rücklichter, denke ich.

Doch plötzlich geht der Motor aus. Ich spurte zum Cockpit, schalte das Licht aus und drehe den Schlüssel im Zündschloss. Der Anlasser gibt keinen Mucks von sich. Kein Zweifel: die Batterie ist leer.

Was tun? Es ist Samstagabend gegen halb zehn, wir sind 25 Kilometer entfernt von unserem Hotel nahe dem Städtchen Tain, und die Dunkelheit bricht nun schneller herein als uns lieb sein kann. Wir sind mutterseelenallein auf dem Parkplatz vor dem automatisch betriebenen Leuchtturm, der etwa zweihundert Meter hinter uns ungerührt seinen Lichtkegel kreisen lässt.

Wir erinnern uns: Das Leuchtturmwärterhaus ist bewohnt, vor der Garage stand ein großer Landrover. Wer so ein handfestes Auto fährt, der hat womöglich auch ein Starthilfekabel, mit dem wir die Maschine wieder zum Laufen bringen, hoffen wir.

Die Zeit drängt. Von Minute zu Minute wird es dunkler, eine Pannenhilfe daher immer schwieriger. Wir beschließen ein zweigleisiges Vorgehen: Christian, der Mitglied im ADAC ist, will sich dort mobiltelefonisch erkundigen, wie man uns hier, am Ende der Welt, aus der Patsche helfen könnte. Ich mache mich auf zum Leuchtturmwärterhaus. Aus dessen Fenstern schimmert warmes Licht; als ich näher komme, höre ich Stimmen unterschiedlichen Alters und Geschlechts, rieche den Duft angebratener Zwiebeln. Offenbar hat die Familie, die hier wohnt, noch nicht zu Abend gegessen.

Mir ist klar: Die Menschen im Leuchtturmwärterhaus werden mordsmäßig erschrecken, wenn hier, in größter Abgeschiedenheit, an einem späten Samstagabend an die Tür gepocht wird. Also lege ich mir für meine Begrüßung, meine Entschuldigung für die späte Störung und meine Bitte um Starthilfe die höflichsten Floskeln zurecht, die mein Englisch trotz meiner Aufregung noch hergibt.

Jetzt höre ich drinnen einen Hund bellen. Was, wenn der mich gleich anspringt?

Ich suche mir einen Punkt, zwei, drei Meter von der Haustür entfernt, auf den das Licht fallen wird, sobald sich der Türspalt öffnet, und der mir noch Gelegenheit zum Ausweichen gibt, sollte der Hund tatsächlich angreifen. Dann klopfe ich laut gegen die Holztür, hechte zurück zu meinem zuvor ausgesuchten Punkt. Das heitere Geplauder drinnen ist sofort verstummt. »Was war das?« fragt eine Kinderstimme auf Englisch. »Jemand hat an unsere Tür geklopft«, antwortet ein Mann. »Lass uns sehen, was da draußen los ist.«

Die Tür öffnet sich einen spaltbreit, das Licht fällt tatsächlich genau auf mich, beleuchtet meine hoffentlich freundlich-verbindliche Mimik. Ich erkenne die Silhouette eines Mannes, der größer und deutlich schwerer ist als ich und der einen laut bellenden, zum Sprung ansetzenden Labrador am Halsband festhält. »Was gibt's?« fragt der Mann. Ich sage meine zurechtgelegten Sätze auf. Er nickt. »Kein Problem«, sagt er, »wir haben ein Starthilfekabel. Ich komme mit dem Landy runter zum Parkplatz«. Nach drinnen gewandt sagt er: »Lasst mir was übrig vom Abendessen, ich bin in zehn Minuten wieder zurück.«

Als der Mann zu mir raustritt, ein etwa 60-Jähriger in Polohemd und Jeans, reiche ich ihm die Hand und stelle mich vor, bedanke mich ausgiebig für die Hilfsbereitschaft. »Ihr Name und ihr Akzent klingen deutsch«, sagt er, »wir können auch deutsch sprechen. Ich bin Schwabe, wie man sicher hört.« Er grinst wissend. »Wir können alles außer Hochdeutsch«, fügt er den Werbespruch seines Geburtslandes hinzu.

Während er im Schuppen nach dem Kabel sucht, den Landrover startet und wendet, gehe ich vor zum Parkplatz, mache den Jaguar fertig für die Starthilfe. Christian ist nicht bis zum ADAC in München vorgedrungen, sein Mobil-

telefon hat hier draußen in der unbewohnten Weidelandschaft kein Netz. Mittlerweile ist es zappenduster. Als unser Retter eintrifft, verlegen wir die Kabel im Licht unserer Handyleuchten. Der Jaguar springt sofort an. Dennoch lassen wir die Kabelbrücke für ein paar Minuten liegen, um unsere Batterie ein wenig aufzuladen. Dann muss unser Helfer zurück, wir verabschieden uns und bedanken uns nochmal überschwänglich. Es gibt noch Hilfsbereitschaft in der Welt, auch Samstagnachts in der nordschottischen Einsamkeit.

Auf dem einspurigen Sträßchen, auf dem wir auch hergekommen sind, fahren wir durchs stockdunkle schottische Hinterland zurück in Richtung unseres Hotels. Nirgends ein Hof, nirgends ein Licht, nirgends ein anderes Auto. Ich habe keine Ahnung, wie lange der kleine Rest Batterieladung, den wir eben noch über die Ladebrücke gespeichert haben, Zündstrom liefern wird, wie weit wir also kommen können. Unsere Lichtmaschine, das verrät der Blick aufs Voltmeter, lädt jedenfalls nicht nach. Offenbar ist sie kaputt. Also versuche ich, so wenig wie möglich zu bremsen, damit die Bremslichter kein unnötiges Quäntchen Strom verbrauchen.

Nach zirka zehn Kilometern, an der Einmündung eines Feldwegs, geht der Motor wieder aus. Unser winziger Stromvorrat ist aufgebraucht. Nun sind wir endgültig verratzt. Der Jaguar rollt aus am dunklen Straßenrand, wir steigen aus, holen tief Atem. Neben uns, hinter einem Elektrozaun, hören wir das geruhsame Mahlen von Rinderkiefern beim Wiederkäuen. Eine Kuhherde hat es sich in dem Winkel ihrer Weide gemütlich gemacht, atmet ruhig und gleichmäßig. Ansonsten dringt aus dem gesamten Universum kein Laut bis zu uns. Wir sind offenbar noch immer ganz allein auf weiter Flur und in stockfinsterer Nacht.

Christian versucht erneut, zum ADAC durchzudringen, diesmal mit meinem Handy, weil seines immer noch kein Mobiltelefonnetz findet. Als er schließlich einen Helfer an der Strippe hat, kann der nicht glauben, dass er es mit dem Mitglied namens Christian Seeling zu tun hat, weil meine Handynummer, die beim Gespräch übertragen wird, nicht in dessen Profil hinterlegt ist. So vergeht die Zeit mit dem Verhandeln von Formalien.

Plötzlich tauchen Scheinwerfer auf. Ein Auto nähert sich aus der Richtung, aus der auch wir gekommen sind. Ich stelle mich auf die Straße, winke unübersehbar mit den Armen, doch auch bereit, mich durch einen Sprung in den Graben zu retten, falls der Wagen nicht stoppt. Doch der hält tatsächlich an. Wir schildern unsere Notlage. Klar, sagt der Fahrer, er bringt uns zum Hotel. Seine Frau und er wollen noch tanzen gehen in Tain, da macht ihnen der kleine Umweg nichts aus. Abermals bedanken wir uns überschwänglich. Dem

Telefonisten des ADAC sagen wir, wir melden uns morgen wieder, wenn wir die Lage im Hellen genauer überblicken als heute Nacht.

Am nächsten Morgen müssen wir unsere Rückkehr zu unserem havarierten Auto organisieren. Es ist Sonntag – und in der gesamten Grafschaft Ross lässt sich kein Taxi auftreiben, das uns wieder zur Einmündung des Feldwegs in das Sträßchen zum Leuchtturm bringen könnte. Schließlich fährt uns der Koch des Hotels. Eine Benzingelderstattung oder sonstige Entschädigung lehnt er brüsk ab. Nach dem Leuchtturmbewohner und dem freundlichen Farmer, der uns heute Nacht zum Hotel gebracht hat, ist er nun schon der dritte außerordentlich Hilfsbereite, der uns uneigennützig beisteht.

Über die Karten-App des Handys ermitteln wir die Geo-Koordinaten, also die exakten Längen- und Breitengradangaben für den Standort unseres Pannenfahrzeugs. Die geben wir telefonisch an den ADAC, damit der sie an den britischen Schwesterclub, die AA, weiterleiten kann. In einer Dreiviertelstunde, sagt der freundliche Telefonist vom ADAC, dürften wir den schottischen Pannenhelfer vor Ort erwarten.

Der trifft schon nach 25 Minuten ein. Er bestätigt unsere Diagnose: »Die Lichtmaschine des Jaguars ist futsch, liefert keinen Saft mehr für Batterie, Zündstrom und Licht.« Wir werden eine neue brauchen. Die kann uns, wenn überhaupt, die einzige Autowerkstatt im Städtchen Tain besorgen, sagt der AA-Mann. Er will deshalb unsere Batterie mit seinem Pannenhilfe-Fahrzeug so weit aufladen, dass der Jaguar aus eigener Kraft dorthin fährt. Dann sollen die Mechaniker morgen, am Montag, sehen, was sie für uns tun können.

So machen wir's dann auch. Am nächsten Morgen stehen wir um halb acht in der Reparaturannahme von Bannerman Cars im Gewerbegebiet von Tain, erläutern unser Problem. Wenn uns die ölverschmierten Schrauber nicht helfen können, dann ist unsere Reise jetzt und hier, schon nach einem Tag, zu Ende. Dann war's das mit dem Buchprojekt. Dann können wir zusehen, wie wir den fahruntüchtigen Jaguar zurück nach Deutschland kriegen.

»Wir schau'n mal, was wir für euch tun können«, sagt Mr. Bannerman mit starkem schottischem Akzent. Der stromlose Jaguar muss in die Werkstatthalle geschoben werden. Woher kriegen wir hier draußen, hunderte von Kilometern entfernt von der nächsten Großstadt, eine neue Lichtmaschine – passend für ein 40 Jahre altes Auto? Für ein Exoten-Modell, das in dieser Form nur 1855 Mal gebaut wurde? Die Fachleute von Jaguar Classics in Essen, die wir in der Zwischenzeit telefonisch um Rat gefragt haben, sind nicht sehr zuversichtlich. Mr. Bannerman sagt jedoch abermals: »Wir schau'n mal, was wir für euch tun können.« – Zweieinhalb Stunden später ist das Ersatzteil da. Nach einer weiteren Stunde ist es auch eingebaut, die sehr überschaubare Rechnung bezahlt und wir rollen glücklich vom Hof.

Die Reise kann weiter gehen! *Thank you, folks at Mr. Bannerman's Garage!*

Die Geschichte lehrt zwei Lektionen: Sie erzählt nicht nur von hilfsbereiten Menschen in der schottischen Diaspora sondern auch von der Solidität historischer Charakterfahrzeuge. Mag sein, dass unser Jaguar in jener Nacht von Tarbat Ness eine jener Formschwächen hatte, wie sie in seinem Alter nicht ganz ungewöhnlich sind. Doch ließ sich diese wieder ausbügeln mit Mitteln und auf Wegen, die auch in der tiefsten britischen Provinz verfügbar sind. Mit vertretbarem Aufwand. Und letztlich mit einem Gewinn unvergesslicher, auf anderen Wegen unerreichbarer Erlebnisse.

Die zweite Geschichte ist deutlich kürzer und liefert Neues zum Ungeheuer von Loch Ness. Das, so haben wir's im Monster Centre in Drumnadrochit nachdrücklich gelernt, kann es gar nicht geben, weil das kalte, dunkle Gewässer keine Lebensbedingungen bietet für große Säugetiere, Saurier oder Fische.

Bei unserer Rundfahrt an dem langgestreckten See machen wir jedoch Halt an einem Parkplatz, der einen idyllischen Ausblick auf das gegenüberliegende Urquhart Castle bietet und von dem ein schmaler Pfad direkt am Wasser entlangführt bis zur Ruine einer alten Poststation. An einer kleinen Bucht, einer idealen Wasserstelle für jegliches Getier, finden wir das Gerippe eines Hirschs. Brustkorb und Wirbelsäule hängen noch komplett zusammen, auch ist der Beckenring noch mit einem Oberschenkel verbunden, daneben liegen Unterschenkelknochen. Nichts ist gebrochen, alles ist fein säuberlich abgenagt – von Krähen, Ameisen, anderen Aasverwertern – sodass man die Anatomie auch Wochen, vielleicht sogar Monate nach dem Tod erkennen kann. Nur der Schädel und ein paar kleinere Endgliedmaßen fehlen.

Woran mag das Tier gestorben sein? Hätte es ein Jäger erlegt, so läge hier kein in Teilen intaktes Skelett, er hätte den gesamten Leichnam mitgenommen. Hätte der Hirsch einen natürlichen Tod gefunden, so wäre er nicht an der belebten Wasserstelle verendet; er hätte sich nach dem Modell »Elefantenfriedhof« an ein stilles, entlegenes Plätzchen zurückgezogen.

In Schottlands Fauna hat der Hirsch keine natürlichen Feinde; es gibt hier weder Wölfe noch Bären.

Wer oder was könnte hier, unmittelbar am Ufer des Loch Ness, diesen stolzen Paarhufer also zur Strecke gebracht haben, wenn nicht das Ungeheuer, das hier leben soll und das zum Töten seiner Beute vielleicht kurz aus dem Wasser gesprungen ist? Wer sonst hätte den großen Schädel entfernen können – dessen Fehlen womöglich die Todesursache war? Auch Orca-Wale töten Robben, die auf dem Strand schlafen und sich, viele Meter von der Wasserlinie entfernt, in Sicherheit wähnen vor diesen großen Meeres-Raubtieren.

Haben wir einen neuen Hinweis für die Existenz eines weltweit einzigartigen Monsters gefunden? Können wir eine rund 1500 Jahre alte, große Legende der Menschheit fortschreiben mit diesem Indiz?

Wir werden zurückkehren in die Highlands, um dieser Frage mit offenen Augen, mit einem ähnlich offenen Herzen und mit ähnlicher Begeisterung weiter nachzugehen wie unserer Suche nach der »lebenskünstlerischen Freiheit« auf unserer gesamten Reise entlang der schottischen NC 500.

Für sachdienliche Hinweise zu dieser weiterführenden Recherche bedanken wir uns schon im Voraus mit einem kräftigen Augenzwinkern.

Dank

Die Autoren danken allen, die bei dem Zustandekommen der Reise und bei vorliegendem Buchprojekt geholfen haben, auch wenn dies möglicherweise nur unbewusst geschah. Insbesondere bei dem Team von Mr. Bannerman's Garage in Tain, Torsten Breden, Lo Breier, Thomas Bruster, Morag Chapman, Peter Eitner, Joe und Leone Gibbs, Karl Hinkelmann-Klag, Ralf Klasen, Andrea Leitner, Charles MacLean Esq., Melanie von Marschalck, dem Team der West End Garage in Fort Augustus, Colin Wilkie.

Daneben geht unser Dank für die Leihgabe des vierrädrigen Reisebegleiters sowie für die umfassende Unterstützung bei dessen Nutzung auch direkt an die Unternehmen Jaguar Land Rover Deutschland und Jaguar Classics. Christian Seeling dankt Sony Europe Ltd. und der Carl Zeiss AG.

CORSO

corso 69
Michael O. R. Kröher / Christian Seeling
500 Meilen Schottland

1. Auflage im März 2019
© CORSO in der Verlagshaus Römerweg GmbH,
Römerweg 10, D-65187 Wiesbaden

Gestaltung: Karina Bertagnolli, Wiesbaden
Lektorat: Timo Suchomelli, Wiesbaden
Gesetzt aus der Fairfield und der Poynter Display
Gesamtherstellung: CPI books, Ulm
Printed in Germany. Alle Rechte vorbehalten.
978-3-7374-0749-6

Mehr über Ideen, Autoren und Programm des Verlags finden Sie auf